历史的天空

中国历代明君

历史的天空

中国历代明君

荀伟东 编著

◆ 前 言 ◆

古往今来，人类浩瀚如烟的历史长河里，留下了一个个鲜活的面孔，他们或博古通今，或运筹帷幄，或指点江山，或忠君爱国，或遭人唾弃……他们铸就了历史的兴衰与荣辱，辉煌与悲怆。

几千年来的人类文明历史，因为有了这些著名的人物而变得丰富多彩，无论他们是正义抑或是邪恶的，都对历史车轮的前进留下了不可磨灭的印记。

英国哲学家弗朗西斯·培根曾经说过："读史使人明智。"

历史蕴含着丰富的经验与真知。本套书不仅仅是让读者学习其中的历史知识，更是希望他们通过阅读这些著名人物的故事，在充分了解昨天的基础上，把握好今天，充实自己的头脑，获得丰富的人生启迪，创造出更加美好灿烂的明天。

本书选取了历史上比较有作为的30位皇帝，他们或作为一个新王朝的建立者，金戈铁马，血战沙场，开疆拓土；或作为一个守成之君，殚精竭虑，留名后世。

他们有最闪耀、最辉煌的瞬间，也有最彷徨、最无奈的时刻，他们的言行、经历中有趣闻轶事，有连珠妙语，有治世哲学，也有赤裸人性，有暴虐残杀，他们就是中国几千年历史的缩影。

李世民说，以铜为镜，可以正衣冠；以人为镜，可以知得失，以史为镜，可以知兴潜。如今无论秦皇汉武、唐宗宋祖，一代天骄成吉思汗，都已经走下舞台，随岁月之流滚滚东去，只剩江山依旧。我们只是以一个后人的姿态，远望他们的兴衰，学习他们的智慧，以借鉴启迪，反思前行。

目 录

天下共主——商王成汤
识人善用　　　　　　　10
鸣条之战　　　　　　　13

青铜盛世——商王武丁
版筑寻相　　　　　　　14
虚心纳谏　　　　　　　16

伐纣兴周——武王姬发
孟津观兵　　　　　　　19
牧野之战　　　　　　　20

春秋霸主——齐桓公
容人之量　　　　　　　24
尊王攘夷　　　　　　　26

制霸中原——晋文公
流亡十九载　　　　　　29
城濮之战　　　　　　　32

羊皮换贤——秦穆公任好
客卿招贤　　　　　　　34
秦晋之好　　　　　　　37

一鸣惊人——楚庄王熊旅
问鼎中原　　　　　　　40
绝缨之宴　　　　　　　42

目 录

大风长歌——汉高祖刘邦
农民到汉王　　　　　　　　43
楚汉战争　　　　　　　　　46

文景之治——西汉文帝、景帝
文帝治世　　　　　　　　　48
景帝治世　　　　　　　　　52

雄才大略——汉武帝刘彻
独尊儒术　　　　　　　　　56
重击匈奴　　　　　　　　　57

囚犯皇帝——汉宣帝
邴吉救孤　　　　　　　　　62
隐忍夺权　　　　　　　　　64

完美皇帝——光武帝刘秀
励精图治　　　　　　　　　71
收之桑榆　　　　　　　　　72

鲜卑汉化——孝文帝拓跋宏
娃娃皇帝　　　　　　　　　73
移风易俗　　　　　　　　　77

开皇之治——隋文帝杨坚
圣人可汗　　　　　　　　　81
奇人奇貌　　　　　　　　　82

目 录

贞观长歌——唐太宗李世民
玄武门之变　　　　　　　86
从谏如流　　　　　　　　87
贞观之治　　　　　　　　90

开元盛世——唐玄宗李隆基
唐隆政变　　　　　　　　98
开元盛世　　　　　　　　99

乱世明君——周世宗柴荣
投笔从戎　　　　　　　　102
亲征契丹　　　　　　　　103

文治盛世——宋太祖赵匡胤
陈桥兵变　　　　　　　　107
杯酒释兵权　　　　　　　109

契丹始创——辽太祖阿保机
诸弟之乱　　　　　　　　113
建立契丹国　　　　　　　115

女真领袖——金太祖阿骨打
建国大金　　　　　　　　119
黄龙府和护步答冈之战　　120

目 录

薛禅可汗——元世祖忽必烈
汗位之争　　　　　　　　122
崖山之战　　　　　　　　124

布衣皇帝——明太祖朱元璋
义军名将　　　　　　　　128
建立大明　　　　　　　　130

永乐大帝——明成祖朱棣
靖难之变　　　　　　　　132
永乐大典　　　　　　　　136

中兴之主——明孝宗朱祐樘
弘治中兴　　　　　　　　139
宽厚待人　　　　　　　　141

天聪汗——清太宗皇太极
松锦大战　　　　　　　　144
不念旧恶　　　　　　　　146

盛世英主——清圣祖康熙
平定三藩　　　　　　　　149
收复台湾　　　　　　　　150

十全老人——清高宗乾隆
知人善任　　　　　　　　154
文化成就　　　　　　　　158

天下共主——商王成汤

商朝，是我国历史上第二个朝代，也是奴隶制王朝。商朝的建立者就是我们本文要说的青铜之祖——商汤。商是部落名称，汤是名字。商族最早生活在黄河下游，就是今天的河南商丘一带。传说，一个叫简狄的女子在洗澡时，看见燕子下了个蛋，就捡来吃掉了，之后就怀孕生下一个男孩，起名叫契，这就是商族的祖先。所以《诗经》里有"天命玄鸟，降而生商"的诗句。

在著名的史书《史记·夏本纪》中有这样的记载，说自从夏朝第十四任王孔甲继承王位后，迷信鬼神，胡作非为。到桀成为王的时候，比之前的王更加荒淫无道，骄奢淫逸，使百姓怨声载道，导致夏朝国势衰落，许多部落首领趁机反叛。

而在这些诸侯国中，有一个势力逐渐发展壮大，这就是商部落。这时商部落出现了一位英明的首领——汤。据古书中记载，汤有许多名字，分别是：子履、成汤、武汤、商汤、天乙、天乙汤，甲骨文中叫唐、成、大乙、天乙。汤以自己的仁心，开创了中国历史上第二个王朝。

汤继承诸侯之位的时候，正是桀残暴无道、天怒人怨的时候。汤就选择了这个时候，开始做灭夏的准备。

识人善用

商汤能称之为明君的一个重要因素就是他能够识人善用。在商汤灭夏、建立商朝的过程中，有两个人起到了关键的作用，他们就是商朝的左相仲虺和右相伊尹。

据传仲虺是个奴隶主，家里世代都是为夏王管理制造车的官员。汤早就听闻仲虺是个有才能的人，想要让他来帮助自己，又怕仲虺不愿意背叛夏朝。没想到，仲虺看到桀残暴好战，诸侯纷纷脱离夏朝的统治，又听说汤是个仁义而且有抱负的首领，于是带着全族从邳迁居到商，投奔汤。汤见到仲虺以后非常高兴，立即任命他为左相，并向他请教治国之道。仲虺也觉得遇到了值得辅佐的人，尽全力帮助汤，他根据当时的形势，建议汤积攒力量，然后采取逐个击破的办法，先讨伐与商为敌的诸侯，削弱夏朝的实力，进而等待时机推翻夏朝的统治。

伊尹是与左相仲虺并列的右相，相传伊尹是个有抱负的人，虽然出身低微，却时时关心国家的形势。当时有个叫有莘的诸侯，对

商汤王像

待平民和奴隶都很温和，伊尹觉得这是一个有作为的诸侯，就打算前去劝说他推翻夏朝。为了有机会接近有莘国君，成了有莘国君身边的一名厨师。但是有莘国君和夏桀同姓，这让伊尹不敢贸然劝说。就在给有莘国君当厨师的时候，伊尹认识了与有莘国君经常往来的汤。伊尹觉得汤就是他一直寻找的英明之人，但是他已经是有莘的奴隶，没有行动的自由，如果偷跑是会被处死的。

正在这时，汤要娶有莘国君的女儿为妻，伊尹作为陪嫁奴隶到商。伊尹又成为了汤的厨师，他就利用每天给汤上菜的时间，分析天下利弊、夏桀的暴虐。汤觉得伊尹的观点和自己不谋而合，不但免除了伊尹的奴隶身份，还任命他作为右相，帮助自己处理朝政。

就这样，左相仲虺和右相伊尹，一起辅佐商汤壮大自己，推翻夏朝。

商汤认为要消灭敌人，就要先让自己强大起来。他接受仲虺和伊尹的建议，对内鼓励平民耕种，加大种植面积，饲养牲畜。对外，团结与商有往来的诸侯和部落，形成反对夏朝的联盟。

有一次，汤带领仲虺和伊尹出外巡视耕作和牲畜饲养情况。他们路过一片山林，正好一个农夫在布置捕捉飞鸟的网。只见农夫在四面都布置好了网后，又对天拜了几拜，然后跪在地上祷告说："我已经把网准备好，求上天保佑，希望天上飞的，地下跑的，从四面八方来的鸟兽都到我的网中来。"

汤听了农夫的话，对周围的人说："这种事只有桀能做出来啊，要是都像他这样打猎，有什么捉不尽呢，这种捕猎方法是多么残忍啊！我们对待飞禽走兽也要有仁德的心，不能捕尽杀

绝!"汤叫随从把农夫的网撤掉三面,只留下一面。然后也跪下去祷告:"天上飞的,地下走的,想往左跑的,就往左飞,想往右跑的,就往右飞,不听话的,就向网里钻吧!"周围的人听了以后,都称颂说:真是一个有德之君。那个农夫也深受感动,就照汤的做法,收去三面的网,只留下一面。

商汤"网开三面"的仁心在诸侯中也很快就传扬开。诸侯听说以后,都觉得:汤是极其仁德的人,对禽兽都是仁慈的。大家都认为汤是有德之君,可以信赖,归顺的诸侯越来越多。商汤的势力也越来越大。

商族从祖先契开始,到汤的时候已经迁居了八次,为了灭夏,汤将部落的居住地从商丘迁到祖先帝喾曾居住的亳。开始囤积粮草、训练军队。因为商的强大,夏王还授予了商部落"得专征伐"的大权,就是商部落想要讨伐谁可以不经过夏王的允许。商汤决定利用这个有利条件,削弱夏朝的势力。第一个拿来开刀的就是商的邻国葛。

葛的势力并不强,但是他的首领葛伯却是个忠于夏桀的奴隶主。最初,汤决定采取帮助的办法拉拢葛伯,于是得知葛伯已经很长时间没有举行过祭祀了,就派使者给送去了许多牛羊,并且派人前往葛地帮忙种庄稼。

但是葛伯是个好吃懒做的家伙,他把商汤送去的牛羊全部杀了吃肉,又派人抢劫帮葛地耕种的商人的酒饭,还杀了送饭的孩子。汤认识到葛伯是个不仁不义的首领,不能再用帮助的办法争取,这才下令讨伐葛国。并且一战而胜,杀了葛伯。葛地的百姓,在葛伯的统治下,生活困苦,早就怨恨这个首领了,一见汤杀了葛伯,还组织人发展生产,都纷纷表示愿意归顺商。

之后，汤又攻破了十多个小国和部落，还有一些诸侯，见识到汤的实力后，自愿归顺商。

《孟子》一书中用"十一征而天下无敌"来形容这一局面，意思是，经过11次征战，商部落已经天下无敌。这样，汤一步步削弱夏的实力，成为诸侯盟主。

鸣条之战

大约在公元前1766年，商汤正式兴兵伐夏。在战前他举行了隆重的誓师仪式，振奋士气。然后，商汤精选良车70乘，抱着必死信念的士兵6 000人，再加上联合各诸侯国的军队，绕道突袭夏朝都城。一举击败了夏桀的主力部队，鸣条战后夏桀败被放逐南巢客死于此，夏王朝宣告灭亡。

商汤胜利之后，取得了天下共主的地位。就这样，在夏王朝的废墟之上，一个新的强盛的王朝——商建立了起来。

商汤王像

青铜盛世——商王武丁

自从汤建立商朝后,商朝历了很长一段时间的稳定发展,但从仲丁时代开始商朝的统治阶层多次发生"弟子或争相代立"的事件,史称"九世之乱"。直到盘庚继位,决定以迁都来化解政治危机,他选择了殷作为新的都城。从此,商朝的首都固定了下来,进入了历史上的"殷墟时代"。经过盘庚、小辛、小乙三位帝王的短暂统治,商朝开始朝着上升的趋势发展。这时它迎来了一位让商朝走向巅峰的帝王——武丁。

武丁是商朝第23位帝王,公元前1250年至公元前1192年期间在位,是商朝著名军事统帅,后人称他为武丁大帝。

版筑寻相

据说,在武丁年少时,他的父亲小乙曾派他到民间生活,体会民间疾苦和劳作的艰辛。于是,武丁来到黄河两岸,观察当地人民的生活,接触大量的平民和奴隶。有时,武丁还和这些人一起参加农业劳动。据说,武丁想使商朝复兴,却无贤臣辅佐,因此他不说话,将朝政交由冢宰处理,自己则观察国家风气三年。

有一次，武丁宣称自己梦见了圣人，并画出了圣人的画像，派人到处寻找。商朝人重视祭祀，于是文武百官都不敢反对。终于，在傅险，找到一个相貌完全符合，叫作"说"的人。郑达带着"说"回到王城。武丁一看就笑着说："我在梦中见到的'圣人'正是他"。于是任命说为相。并赐姓傅，其后人姓傅。

武丁在傅说和甘盘等贤臣的辅助下，励精图治，增强国力，甲骨文发展成熟，青铜时代进入它的鼎盛期。武丁建立了一套成型的官僚机构和一支稳定的军队，他的南征北战为华夏初步奠定了疆域，并在此基础上完善了分封制度。商朝政治、经济、军事和文化发展达到鼎盛，中国成为当时煊赫一时的世界文明大国。

任用贤相，经济发展之后，武丁开始了对外征讨的生涯。他先是使周边的小部落完全臣服，接着攻打今山西南部、河南西部一带的衔、让等部落。这些战争往往动用数千兵力，最大的一次发兵一万三千人。在这些征战中，商王征服了许多小国，扩大了领土，也抓获了大量俘虏。这些征伐战争，为王朝形成"邦畿千里，维民所止，肇域彼四海"的广大疆域，奠定了基础。

商王武丁时代兵器

这时西北的鬼方、羌方和土方日益强大起来，成为中原王朝的心腹之患，也成为武丁对外用兵的重点，其中对鬼方的战争就

持续了三年。

鬼方是商周时期活动在山西北部以及中国西北地区的一个古老部落，其势力西及陇山和渭水流域的广大地区。有关鬼方的文献记载也很多，如《周易·未济》中说："震用伐鬼方，三年有赏于大国。""高宗伐鬼方，三年克之。"这里的高宗说的是商王武丁。

经过多年的战争，到武丁末年，商朝已成为西起甘肃，东到海滨，北至大漠，南过长江，包含众多部族的泱泱大国，实际上奠定了秦始皇之前华夏大致疆域。

为了控制广大被征服的地区，武丁把自己的妻、子、功臣，以及臣服的部落首领分封在外地，被分封者称为侯或伯，这就是周代分封制的先河。其中周人的祖先就是在武丁时代被征服并接受了商的封号。

虚心纳谏

因为商人重视祭祀，武丁又常年征战，虏获了很多战利品，因此每到祭祀时都大肆铺张，祭品极其丰盛。武丁的一名大臣祖己担心他会习惯这种奢侈，就想找个机会劝谏武丁。

一次，武丁又要祭祀祖先商汤，仍然准备了非常多的祭品。正巧在祭祀时，一直野鸡飞到了祭祀用的鼎上面啼叫。在王都的郊外，有一片茂盛的森林，是飞鸟经常栖息的地方。所以，一只野雉飞到太庙中来鸣叫，这本是一件非常自然的事情。但是，武丁却认为这是一种不祥之兆，害怕会有什么不好的事情发生。祖己趁机劝谏武丁："请大王不要担惊，不要害怕。如今，只要你修好政事，励精图治，勤俭节约，一切不祥之兆自会烟消云散。"武丁是一个虚心纳谏的君王，非常乐意地接受了祖己的劝谏。

　　在商朝，铜鼎是一种非常重要的祭祀礼器，是王侯才能使用，是权利的象征。商后母戊鼎就是武丁时代的杰作，同时也是殷代青铜器的代表作，是中国出土的最大的青铜器。于1939年在河南省安阳市武官村一家的农地中出土，因为在鼎的腹部刻着铭文而得名，现在被收藏在中国国家博物馆。

　　武丁时期在青铜业方面取得的成就，表明中国青铜时代进入繁荣时期。

　　武丁开创的盛世局面，为商代晚期社会生产的发展乃至西周文明的繁盛，打下了很好的基础。

商后母戊鼎

伐纣兴周——武王姬发

周,是我国历史上非常重要的朝代,前后分为西周和东周,延续了八百年。武王姬发就是西周王朝的开国君主。他本是周文王的第二个儿子,因为哥哥伯邑考被商纣王杀死,才得以继承王位。

一开始,周是活动在关中平原西部的一个古老部落,后来成为商朝地处西陲的一个小属国。到武王的父亲周文王在位时,改革内政、发展生产、励精图治、以德治国、礼贤下士,使周繁荣兴盛起来,国力逐渐强大。而当时,商纣王却荒淫残暴、滥杀无辜,国家怨声四起。文王在位50年,逝世时已经得到三分之二的天下,为灭商奠定了基础。

公元前约1056年,周文王死,武王继位。他继承父亲的遗志,任命姜尚为

武王像

军师，负责军事。南宫括为元帅，武吉为将军。任命其弟周公旦为辅佐，负责政务。任命召公、毕公等人为助手，积极准备推翻商朝统治。

此时的商王，是商代的第三十位帝王子辛，也叫"帝辛"，也就是我们所知的暴君纣王。其实"纣"并不是他的称号，商纣是周人对其带有侮辱、蔑视意思的称呼，简单地说就是凶恶的坏蛋。据正史所载，商纣王博闻广见、思维敏捷、身材高大、膂力过人。他曾经攻克东夷，把疆土开拓到中国东南一带，开发了长江流域。毛泽东在评价帝辛时说："其实纣王是个很有本事、能文能武的人。他统一东南，把东夷和平原的统一巩固起来，在历史上是有功的。"

但是同时，纣王也居功自傲，耗巨资建鹿台，加重赋税，把鹿台的钱库堆得满满的，把钜桥粮仓的粮食装得满满的。他多方搜集狗马和新奇的玩物，填满了宫室，又扩建沙丘的园林楼台，捕捉大量的野兽飞鸟，放置在里面。他用酒当作池水，把肉悬挂起来当作树林，带人在里面玩闹，通宵达旦饮酒作乐。

他刚愎自用，听不进正确意见。为了制止百姓的反抗，他发明了叫作炮烙的酷刑，让人在涂满油的铜柱上爬行，下面点燃炭火，爬不动了就掉在炭火里。

纣王又任用费仲和恶来管理国家政事。费仲是个善于阿谀奉承的小人，只贪图钱财；恶来是个喜欢听好话的人。因为他们让百姓对纣王更加怨恨了。

孟津观兵

商朝在暴君纣王统治下，政治上已十分腐败，早已失去民心，

只是军事实力仍不容小觑。武王为了试探商纣王,在继位的第二年,出动军队大规模向东进发到孟津。自动来参加盟会的有八百多诸侯,即历史上有名的"孟津观兵"。武王在盟会上举行了誓师仪式,发布的誓词,即有名的《泰誓》。商纣王孤立无援的形势已形成,诸侯均力劝武王立即伐纣。但他认为时机还不成熟,决定班师返回,等待时机,并告诫大家不要操之过急。在他即位9年后,为便于进攻商都朝歌,又将都城迁至镐。

牧野之战

在西周积极备战的时候,商纣王却更加昏庸残暴,宠幸妲己和胡喜媚,听信谗言,杀死丞相比干,囚禁箕子,很多大臣为了避免灭门而逃离都城朝歌。

武王得到消息后,认为伐纣的时机到了,于是亲自率领兵车三百乘,虎贲武士3 000人,甲士45 000人,以及与周同盟的庸、蜀、羌、髳微、卢、彭、濮、熊、盈等国的4 000乘东征。

西周军队从孟津渡过黄河,在正月甲子清晨到达距离都城朝歌70里的牧野。武王亲自向全军将士发表誓词,即《尚书·牧誓》。列举纣王只听妲己之言,不祭祀祖先、不任用宗亲贵戚,只信任四方有罪逃犯等罪状,说明自己是恭行"上天之意"给商纣罚,说明伐纣的正义性,要求士兵严守军纪、英勇杀敌。

纣王接到报告说周的军队已经逼近朝歌了,赶紧调集都城中的士兵,又把囚犯、奴隶、战俘都武装起来,一共约17万人,准备迎战。双方开始了历史上著名的牧野之战。

战争开始后,周军士气高涨,奋勇冲杀。商纣的军队在周军凌厉攻势下一击即溃。武王利用那些被迫参战的奴隶不愿为纣王卖命的不满情绪,鼓动他们倒戈,引导周军攻打纣王,倒转矛头引导周军杀入朝歌。纣王见大势已去,登上鹿台,自焚而死。商朝从此灭亡,周朝建立。

　　武王灭商后正式定都镐京,至此,中国历史上第三个奴隶制王朝——西周建立。

　　为了巩固西周的统治,武王接受了弟弟周公对商朝移民进行安抚,以减少他们的敌对情绪的建议,把纣王的儿武庚留在商都朝歌,封为殷侯。又把武庚管辖的区域分为三块,派自己弟弟管叔治理鄘,蔡叔治理卫,霍

武王像

叔治理邶,也就是让他们三个人监视武庚,史称"三监"。为了让商朝的大臣归顺周朝,武王亲自到商朝贤臣商容的家里对其进行表彰,又让召公亲自去监狱探视箕子,并且释放牢里的商人,让他们恢复自由、赈济贫民,派元帅南宫括散发粮食,赈济饥民。

对周朝原来的臣子,则委贤任能,因才录用。任命周公为太宰,康叔为司寇,丹季为司空。其他召公、太公、毕公等有才能的人也都各司其职,共同治国理政。又按爵位,分等级分封亲属和有功的大臣,让他们建立诸侯国。如封姜尚在临淄建立齐国,封周公在曲阜建立鲁国。这两国后来都成为春秋战国时期的强国。这一系列措施促进了西周初年政治经济的稳定和发展,促进了生产,推动了社会的前进。

西周建国后的第三年,武王姬发因病去世,他的儿子诵继位,就是周成王。由于成王年纪尚小,由周公旦辅佐治理朝政。

周武王有着广阔的心胸和长远的眼光,同时有着果断的处事能力,看到商朝的无道,他打出了为民请命,替天行道的旗号来获得广大人民群众的拥护,从而大大扩大了自己的实力和影响力。在伐纣的过程中,他以大无畏的精神亲自带领兵马直捣朝歌,打了纣王一个措手不及。同时周武王有着很杰出的个人魅力,他也因此受到人们的爱戴,受到后人称颂。

春秋霸主——齐桓公

自东周开始,周朝由强转弱,王权日益衰落,诸侯国之间互相征伐,战争频繁。小诸侯国纷纷被吞并,强大的诸侯国在局部地区实现了统一。前后出现"春秋五霸""战国七雄"并列的局面。齐桓公就是这其中的佼佼者,他是周武王相姜太公吕尚的后代,齐国国君,名小白。在位期间,选贤任能,改革齐政,使国富民强,"九合诸侯,一匡天下"成为春秋时期的第一个霸主。

齐桓公塑像

在齐桓公还是公子小白的时候,他的哥哥齐襄公滥杀无辜,齐国政局混乱,为了避免被波及,公子小白跟着自己的老师鲍叔牙出逃到莒国,他的另一个兄弟公子纠也跟着老师管仲去了鲁国。公元前685年,齐襄公被杀。公子纠和公子小白听到消息后,都急着要回齐国争夺国君的位置。

鲁国派兵护送公子纠回国,并派管仲在公子小白回齐国的路上拦截。管仲一箭射中小白,小白立即摔倒在地。管仲以为小白已经死了,就一面派人回鲁国报告好消息,一面不慌不忙地护送公子纠回到齐国去。哪里知道自己射中的是公子小白的铜制衣带钩,他是假死,等到公子纠和管仲进入齐国国境,小白和鲍叔牙早已日夜兼程抢先回到了国都临淄,结果当然是小白当上了齐国国君,就是齐桓公。

容人之量

齐桓公继位后,准备让自己的老师鲍叔牙担任丞相的之位,并且一直念念不忘管仲曾经射他一箭,想要出兵攻打鲁国,杀掉管仲,报一箭之仇。但鲍叔牙却对他说:"如果您只想治理齐国,那么有我就够了。如果您想成为天下霸主,那么非管仲不可。"齐桓公听从

齐桓公塑像

了鲍叔牙的建议,毅然摒弃前嫌,把管仲接到齐国,并给他相的职位。

齐桓公拜管仲为相后,还启用了一批出色人才,对政事开始强有力的改革。使齐国国力迅速富强,成为春秋的第一位霸主。为了表现自己广集贤士的决心,齐桓公在宫廷前燃起明亮的火炬,准备日夜接待各地前来晋见的人才。但是,火炬整整烧了一年,都没有人上门求见。

这时候有一个地位低下的人前来求见。齐桓公很高兴,满怀喜悦地询问对方有什么才能。来人回答说:"我会九九算术。"当时,在齐国会九九算术的人很多,没什么稀奇的。齐桓公失望地说:"这也能算是一技之长吗?"

那人又说:"大山从不拒绝细小的石头,江海从不拒绝细小的溪流,所以才会成为大山、大江、大海。施政要广泛征询意见,包括那些割草打柴的人。虽然我没有什么高深的学问,但如果您也能以礼相待的话,还怕比我高明的人不来吗?"齐桓公认为这人说得很有道理,就按照庭燎之礼接待了他。

果然不久,有各种才能的人就从四面八方接踵而来了。最终,使得齐国人才济济,辅助齐桓公完成霸业。齐桓公的这些措施,也被之后历代齐国君主继承,逐步在齐国形成了一种选贤任能的风气,

公元前681年,为了平息宋国内部争夺君位的变乱,在齐国的主持下,齐、宋、陈、蔡、邾五国国君在齐国的北杏举行会盟,这也是历史上第一次由诸侯主持会盟。由此,齐桓公的威望在诸侯中开始不断提高。

公元前680年,"北杏会盟"国之一的宋国背叛盟约,齐桓公

先派人去朝拜周天子，说宋国不尊重周天子，请周天子兴师问罪。周天子也想借齐国的力量来树立威望，很痛快地答应了齐桓公的要求。宋国看到齐国打着周天子的旗号，不想背负抗与天子作对的罪名，请求归顺王室与诸侯和好。第二年冬天，齐桓公又拉着代表周天子的单伯，和卫、郑、宋三国国君一起在"鄄地会盟"，让各国看到周天子支持齐国，齐桓公的霸主地位开始确立。

不久，周王室发生了内乱，齐桓公又帮助太子平定内乱，继承了王位，即周襄王。周襄王为报答齐桓公的勋劳，特派使臣将太庙的祭肉作为厚礼送给齐桓公。齐桓公又趁机在宋国葵丘会合诸侯，招待天子使臣，并又一次订立了盟约。盟约规定：各国要和平相处。要修水利，防水患，不要损人利己；邻国有荒灾来买粮食不得禁止，不得搞壁垒政策等。这是齐桓公第九次，也是最后一次会合诸侯，所以历史上也把齐桓公称霸的过程称作"九合诸侯"。

尊王攘夷

齐桓公执政以来，在管仲的辅佐下，经过了内政、经济、军事等多方面改革，有了雄厚的物质基础和军事实力，适时打出了"尊王攘夷"的旗帜，以诸侯长的身份，挟天子令。

公元前663年，北方的山戎攻打燕国，燕向齐求救。齐桓公率领齐国大军，深入今河北昌黎一带，大败山戎，一直打到孤竹才停。在归途中，齐军迷路，管仲让人把老马放在队伍前面，大队人马跟随，才走出误区。"老马识途"也成为成语流传至今。齐桓公率兵返回齐国时，燕庄公一直送到齐境。

齐桓公说："按照规定，诸侯之间相送不能出境，我不是天子，不能对燕无礼。"于是把燕君所到的地方割给了燕国，并叮嘱燕君像周成王时一样给周朝纳贡。

公元前656年，齐桓公率领诸侯进入楚国，质问楚国为什么不按时向周天子进贡祭祀所用的茅草而导致祭祀大典无法及时进行，使得楚国与齐国订立"召陵之盟"。

齐桓公在位共计43年，他先后把黄河流域的诸侯联合起来，帮助燕等国击败戎狄的入侵，对保卫华夏先进文明起了一定作用。因为大部分国家形成同盟，战乱减少，人民生活安定，经济有了迅速发展。

齐桓公喜欢穿紫色的衣服，整个都城的人都效仿他穿紫色的衣服。一时间，紫色布料价格不断上涨，到最后，五匹生绢也换不到一匹紫色的布。

齐桓公对此十分忧虑，对管仲说："我喜欢穿紫色的衣服，紫色的布料却越来越贵，如果整个都城的百姓喜欢穿紫色衣服的风气不消失，我该怎么办呢？"

管仲说："您想制止这种情况，为什么不试一下不穿紫衣服呢？您可以对身边的侍从说：'我非常厌恶紫色衣服的气味。'这时，如果有穿紫衣来晋见的人，你就说：'稍微退后点，我厌恶紫色衣服的气味。'"

齐桓公觉得这个办法很好，就照着办了。

从这天开始，再也没有侍卫近臣穿紫色衣服了。

到第二天，城中也没有人穿紫色衣服了。

第三天，国境之内都没有人再穿紫色衣服了。

制霸中原——晋文公

春秋时期，诸侯割据，天下战乱不断。同时，在这个战火纷飞的时代，也出现了许多为后世敬仰的君主，晋文公重耳就是其中浓墨重彩的一笔。

重耳，姓姬，文公是他死后的谥号。重耳并不像其他春秋霸主一样少年得志或一帆风顺，他虽然少年时代就以"贤"闻名，却一直没有得到父亲的青睐。中年时，为了躲避迫害，外出避难19年，其间尝遍人情冷暖，终于在62岁高龄时返回故国成为国君。重耳仅仅当了八年的国君，就去世了，但他使晋国成为春秋时期疆土最广、实力最强、称霸时间最长的诸侯国。

晋国最开始叫唐，是西周成王赐给自己的弟弟叔虞的封地，后来才改叫晋。重耳的父亲晋献公年轻时是个很有作为的国君，他先后灭掉霍、虢等诸侯国，使晋空前强大。

公元前697年，重耳出生，他还有两个兄弟，申生和夷吾。重耳年少好学，能够结交贤能之士，与狐偃、赵衰、先轸等人关系很好，后来也是这些人陪着他流亡在外，在他成为国君后尽心辅助。按理说，重耳是长子，应该立为太子，但是他的母亲只是狄戎部落首领的女儿。而弟弟申生的母亲是齐桓公小白的女儿齐姜。所以,考虑过后晋献公决定让申生做太子。

可是好景不长,公元前672年,晋献公攻打骊戎的时候得到美女骊姬,献公对她倍加宠爱,就想立她的儿子奚齐为太子。骊姬又经常在献公面前说兄弟三人的坏话,陷害申生,让献公赐死申生。重耳和夷吾听说后,害怕自己也被牵连,赶紧逃亡。

晋献公的大军兵分两路,分别围住重耳和夷吾的封地。夷吾率军抵抗父亲,最终寡不敌众。重耳却认为,"儿子不能跟父亲打!"于是叫手下放弃抵抗。不久,封地陷落,重耳只能跳墙逃走。

流亡十九载

失去封地的重耳无处可去,最终选择投奔母亲的故国——翟,不久,他的谋士和护卫狐偃、赵衰等人,也赶到翟与他会和。

重耳一行人在翟国一待就是12年,公元前651年,晋献公临死前将国君之位传给公子奚齐,这时大臣里克、邳郑父等人早就对骊姬不满,于是聚众作乱,杀了骊姬和奚齐,并派人寻找重耳和夷吾回国。但重耳已经习惯了在翟国的生活。翟君还将自己俘虏的美女季隗送给重耳,这下重耳更加乐不思晋了。而且他并不相信里克,就这样,重耳与国君之位擦身而过。最后,弟弟夷吾回国当了国君,就是晋惠公。

晋文公像

但是夷吾即位后,却怕百姓忘不了重耳是长子,于是派刺客刺杀重耳。没想到重耳早就得到消息,赶紧收拾行装,带着下属离开了翟国。

重耳一行人颠沛流离,来到齐国。齐桓公在与重耳的交往中,发现重耳举止洒脱,谈吐不凡,有天下之志,连随从人员也都是不可多得的人才,于是把公主嫁给重耳,希望能留住重耳,就算不能,重耳最终回到晋国,也能想到齐国的好处,将来也不会为难齐国。

公主年轻美丽,重耳自然高兴,每日沉迷于安逸生活中,只当自己是齐国的女婿重耳,不记得自己是晋国的公子重耳。后来齐桓公病逝,齐国开始衰落,想要借助齐国的力量复国已经不可能,下属狐偃和赵衰等人就提醒重耳早作打算,但是重耳已经不愿再去流浪奔波。没办法,最后公主与狐偃、赵衰等人只能用计策把重耳灌醉,然后拖上马车,离开齐国。等重耳醒了,已经回不去了,只能硬着头皮上路。

重耳等人又踏上了漫长的旅程,继续往南,进入楚国境内。楚成王早就听说重耳的贤名,听说重耳到了,亲自迎接,并且三日一小宴五日一大宴,与重耳共论天下。重耳为了感念成王的好,答应如果他能成为国君,将来晋国和楚国作战,一定让军队退避三舍。

公元前637年,晋惠公薨逝。公子圉顺利继承父位,成为晋怀公。但是晋怀公却是个残暴的家伙,遭到了国人的一致反对。而邻居秦国已是霸主,也打算趁此机会插手晋国朝政,于是派使臣求见重耳。重耳听说秦穆公要帮助他复国,喜出望外。立即向楚成王告辞,匆匆离开楚国,跟随使臣前往秦国。

到了秦国,秦穆公表示愿意辅佐重耳回归晋国,夺取君位。但要重耳即位后割让五座城池给秦国作为酬劳。重耳很快答应了秦穆公的条件。秦穆公看重耳如此明事理,更愿意支持重。

公元前636年开春,秦穆公派公孙枝,率领三千秦军,护送重耳回到晋国。到此,重耳已经离开故国19年。

回国后,重耳立刻联络早已潜伏回国的随从,于是各大强族纷纷响应。不久,重耳在曲沃被拥立为君,成为晋文公。而怀公在逃亡中被杀。

重耳即位后,为了巩固统治,让狐偃和赵衰着手进行改革,建立各种制度,选用有能力的人,积极和邻国互通贸易,使晋国经济得到繁荣的发展,跻入强国之列。重耳也有了称霸中原的野心。

晋文公塑像

公元前636年，周襄王的弟弟造反，攻入国都。周襄王逃跑，并紧急通知各诸侯，速速带兵去护驾。重耳得到消息后，立刻判断这是不可多得的机会，要效仿齐桓公做勤王之师。因为周天子才是天下的真正主人，如果得到他的支持，就能号令天下诸侯。

于是，晋文公亲自率领大军，向王都进发。很快就打败叛军，迎接周襄王回到都城。

周襄王对重耳非常感谢，而且晋国也是姬姓，和周天子是一家人，都是武王的后代，就更加器重重耳，并把阳樊、温、原、攒茅四个非常富有的城池分封给晋国。晋国南部疆域扩展至今太行山以南、黄河以北一带，逐鹿中原的大门由此打开。

城濮之战

随着晋国的不断壮大崛起，楚国开始觉得自己的利益受到侵犯，两国之间的矛盾日益尖锐，随着楚国的联盟宋国投靠晋国，这一矛盾彻底激化。

公元前633年冬，楚国进攻宋国。宋国向晋国求救。晋国大夫先轸认为这正是向中原进军的最好时间，建议重耳立刻出兵救援宋国。为了不让自己腹背受敌，重耳又使计挑拨齐、秦和楚的关系，使齐国和秦国放弃中立立场，帮助晋国。

楚成王看到三大国结成联盟，本打算撤军，但是大将子玉却

晋文公像

骄傲自负,坚决要求与晋军决战。晋文公见楚军逼近,决定避开楚军主力,诱敌深入,等待有利时机再后发制人,于是下令军队后退90里,到城濮安营扎寨,说是为了报答流亡之时楚成王的善待。这样,晋国既赢得了美名,又得以和齐、秦等国军队会合,集中兵力。

刚愎自用的子玉认为晋军的撤退为他提供了消灭敌人的机会,于是率领大军一直追到城濮。

公元前632年,已经和齐、秦、宋等国军队会和的晋军,在重耳的指挥下和楚军进行了一场大战。

重耳利用楚军统帅子玉骄傲轻敌的特点,让晋军主将狐毛故意在车上挂上两面大旗,然后向后撤,做出逃跑的样子。同时,又让另一个将军栾枝在后面用战车拖曳树枝,弄得尘土飞扬,让人以为后面的士兵也在撤退。

子玉果然下令楚军追击,结果陷入重围,三分之二的军队被晋军消灭,子玉最后也自杀。最终,晋军大胜。

城濮之战后,晋国霸主地位已经确立。

公元前631年,周襄王召集各地诸侯会盟,特别允许晋国狐偃代替文公参加会盟。晋国的臣子和其他诸侯国的国君一起面见周天子,显示出晋国高人一等,也标志着晋国霸业达到了顶峰。自此,晋文公成为继齐桓公后又一个霸主。

公元前628年,晋文公卒,其子即位,史称晋襄公。

羊皮换贤——秦穆公任好

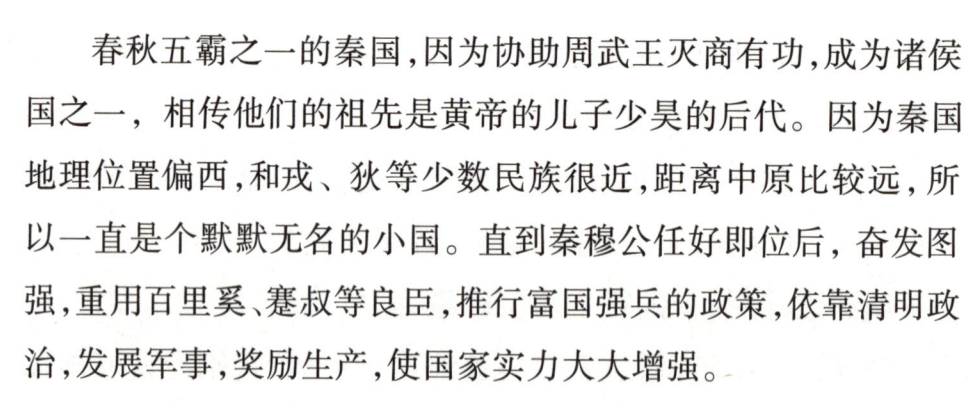

春秋五霸之一的秦国,因为协助周武王灭商有功,成为诸侯国之一,相传他们的祖先是黄帝的儿子少昊的后代。因为秦国地理位置偏西,和戎、狄等少数民族很近,距离中原比较远,所以一直是个默默无名的小国。直到秦穆公任好即位后,奋发图强,重用百里奚、蹇叔等良臣,推行富国强兵的政策,依靠清明政治,发展军事,奖励生产,使国家实力大大增强。

秦穆公,嬴姓,赵氏,名任好,公元前659至公元前621年间为秦国的国君。司马迁在《史记》一书中,把他和齐桓公、晋文公、楚庄王、宋襄公一起称为春秋五霸。我们现在所说的秦晋之好、短兵相接、伯乐与千里马等故事都发生他统治下的秦国。

客卿招贤

秦穆公在位期间,立志成为霸主,因此非常重视人才,到处招揽有才能的人。吸取周朝天子失去权力,依附于诸侯的教训,秦穆公很少任用本国的贵族,怕他们势力大了,反过来牵制国君。因此他大胆任用别的国家投奔来的人才,这些人被称为客卿,可以说秦穆公开创了任用客卿的先河。因此,相马师伯乐和九方皋,以及后来成为丞相的百里奚都纷纷来到秦国。

秦穆公像

相传,有一天,秦穆公召见了相马师伯乐,对他说:"你的年纪已经大了,你的家族中还有能够担当寻找好马的重任的吗?"伯乐回答说:"一般的好马从它的外形筋骨上就能看出来,但是天下难得的好马,是很难分辨的,它们跑起来像飞一样快。我的家族里的人都只能认识一般的好马,却不能认识天下难得的好马。不过有个曾经和我一起担柴的人,叫九方皋,他辨别好马的本领跟我不相上下,您可以接见他。"

秦穆公听了伯乐的话,接见了九方皋,并派他去寻找好马。过了三个月,九方皋回来报告说找到了好马,是匹黄色的母马。结果秦穆公派人把那匹马牵来一看,是匹黑色的公马。秦穆公觉得自己被骗了。这时,伯乐又对他说:"九方皋看到的是马的内在,而忽略了它的外在。熟悉他的精妙,而忘记了它的外表。九方皋只看见所需要看见的,看不见他所不需要看见的。这样的相马,包含着比相马本身价值更高的道理啊!"于是,秦穆公将信将疑地把那匹马牵回驯养,结果它果然是一匹天下难得的好马。

秦穆公从这件事上得到了启发,派人到各处去招揽人才。

公元前655年，晋献公灭掉虞国，俘虏了虞公和大夫井伯、百里奚。百里奚是个很有才能的人，在诸侯国间很有名气。晋献公想要重用他，但百里奚觉得他不能帮助灭掉自己故国的人，所以宁死不从。正好当时，秦穆公和晋献公的女儿成亲，晋献公一气之下，就把百里奚作为陪嫁的奴隶送走了。

秦穆公在奴隶名单中发现少了百里奚。正巧有个叫公孙枝的晋国人知道百里奚是个了不起的人，就把百里奚的事情跟秦穆公仔细说了。秦穆公听后，下决心一定要找到百里奚。

后来秦穆公总算打听到百里奚的下落。原来，百里奚逃走后，到了楚国，当起了专门放马的马倌。秦穆公立刻叫人准备了一份厚礼，想派人去楚国把百里奚换回来。却遭到了公孙枝的反对，他说："楚国让百里奚放马，是因为只当他是个奴隶，不了解他的才能。如果您用这么贵重的礼物去换他回来，不就等于告诉楚国，百里奚是个有用的人，楚王怎么会放他走呢！普通的奴隶只值五张羊皮，你就用五张羊皮把他换回来吧！"

秦穆公觉得公孙枝说的有道理，于是派使者带着五张上等羊皮去见楚王，说："我国有个叫百里奚的奴隶犯了法，躲到贵国来了，请让我们把他带回去治

百里奚塑像

罪。"楚王信以为真,很痛快地答应了。

秦穆公亲自召见百里奚,和他畅谈国事,请教让秦国超过其他国家的办法。百里奚觉得秦穆公是个可以辅佐的人,也畅所欲言,分析形势,提出建议。

秦穆公觉得自己终于找到了不可多得的人才,下令封百里奚为上卿,协助自己处理国事。百里奚又向秦穆公推荐了自己的好朋友蹇叔、蹇叔的儿子西乞术、白乙丙,后来百里奚的儿子孟明视也投奔到秦国,秦穆公封蹇叔为右相,百里奚为左相,孟明视为将军。

由于百里奚是用五张公羊皮赎回来的,所以后人用"五羖大夫"称呼他。秦穆公用五张羊皮换来五位贤人,也成为千古佳话。

秦晋之好

在外交上,秦穆公为了打开争霸中原的通道,采取联姻的方式建立同盟。他先是向晋献公求婚,娶了晋献公的女儿穆姬做夫人。这就是"秦晋之好"的开端。

后来,晋国发生战乱,献公杀了太子申生,另外两个儿子重耳和夷吾也逃到别的国家避难。秦穆公帮助夷吾当上了晋国国君。但是不久,夷吾就忘掉了秦国的恩情,反倒发兵攻打秦国,结果晋军大败,晋国被迫让太子圉作为人质留在秦国。太子圉到秦国后,秦穆公为了笼络他,把自己的女儿怀嬴嫁给了他,让两国亲上加亲。

不久,公子圉听说自己的父亲病了,就扔下怀嬴,自己跑回了晋国继承国君的位置。并且断绝和秦国的来往。公子圉忘恩负义的行为,惹怒了秦穆公。他想到了在外面避乱的晋国公子重

耳,于是派人去见重耳,表示自己愿意帮助他当时晋国国君,并把女儿怀嬴许配给他。

公元前636年,秦穆公派兵护送重耳返回晋国,公子重耳就是春秋五霸之一的晋文公。秦晋两国经过这次合作也和好如初。

秦国地处西部,临近生活着许多戎狄的部落和小国。这些部落经济落后,经常偷袭秦国边境的城镇,抢劫粮食、牲畜,给百姓生活造成很大的影响。秦穆公有心西征,却苦于没有合适的人才。

在这许多部落中,有一个比较强大的叫绵诸,与秦国挨着。绵诸王听说秦穆公是个贤能的人,于是派从晋国投奔到戎狄的由余去拜见秦穆公。秦穆公隆重地接待了由余,趁机向他了解戎狄的地形和各部落的情况。

秦穆公一面极力挽留由余在秦国多住些日子,一面派人给绵诸王送去很多美女和乐师。使绵诸王每天饮酒作乐,不理朝政。等由余回到绵诸,各项事物已经荒废,政事一塌糊涂。绵诸王也不再听由余的劝说,由余伤心之下,又回到了秦国。就这样,秦穆公把由余招揽到自己身边。

有了熟悉戎狄的谋士,秦穆公立即出兵攻打戎狄。根据由余的计划,秦穆公先后征服了二十多个小国。秦国的疆土扩展了千里,连周天子都派人送了金鼓表示祝贺,并且称他为西方诸侯之伯。这就是史书上说的"秦穆公霸西戎"。

一鸣惊人——楚庄王熊旅

楚国在城濮之战中败给晋国之后不久,楚成王就去世了,他的儿子商臣即位,就是楚穆王。楚穆王为了一雪前耻,积极向外扩张,但是没几年,他也去世了,他的儿子旅即位,这就是春秋时期楚国最有成就的君主,大名鼎鼎的楚庄王。

从公元前613年到公元前591年,楚庄王共在位23年,他使楚国空前强大,问鼎中原,继齐桓公、晋文公、秦穆公之后成为一方霸主。

公元前614年,楚穆王离世,长子熊旅即位,称为楚庄王。但是让人大跌眼镜的是年纪轻轻的王子继位后,就整天只顾着打猎,饮酒享乐。登位三年,没有下达一个命令。

公元前611年,楚国发生大饥荒。东部的山戎等部落趁机派兵攻打楚国边境,一直附属于楚国的庸国也鼓动各部落造反,准备进攻楚国都城。天灾人祸下,楚国岌岌可危。而楚庄王却依旧我行我素,将国事交给别人处理,还在宫殿门口竖了一块牌子,写着:有进谏的人,杀无赦!大臣都对此束手无策。

一天,一个叫伍举的大夫前来晋见庄王,正好看到庄王在喝

酒吃肉，观赏歌舞，不亦乐乎。伍举于是对庄王说："有人给我出了个谜语，我怎么想也想不出来是什么，只好来请教大王，请您帮助解答。"楚庄王一下子来了兴趣,让伍举说说是什么谜语。

楚庄王出征塑像

伍举说："有只大鸟，颜色艳丽，样子神气，但是在楚国的山上停了三年，不飞也不叫，大王知道这是什么鸟吗？"楚庄王听了笑着说："这并不是普通的鸟，它不飞也就罢了，只要起飞就会冲天。不叫也就罢了，一叫就会立刻使人震惊。"伍举听了，笑着走了。

但是过了几个月，楚庄王依然没有"飞"，也没有"鸣"。大夫苏从又来晋见，大哭着劝谏楚庄王，楚庄王要杀他，苏从去说，我死了，还能留下忠臣的美名，您却只能当亡国之君了。庄王顿时醒悟，决定远离酒色，亲自处理朝政。

楚庄王亲政的第一件事就是攻打反叛的庸国。他乘坐战车赶到前线，亲自指挥军队作战。不久，庸国战败，宣告灭亡，楚庄王取得了第一场胜仗。

问鼎中原

楚庄王平定内乱后，楚国政治开始稳定，于是萌发了北上图霸的想法。当时中原的诸侯中，晋国的实力最强，但是晋国国君晋灵公与把持军政大权的赵普不和，使得统治不稳，在诸侯间的威信也日益下降。这正好为楚庄王进军中原提供了有利时机。

公元前606年，楚庄王亲领大军北上，攻打陆浑的戎族，一直到周天子的都城洛邑附近，把军队全部驻扎在周王室的周边，以示实力。周定王为安抚楚庄王，赶紧派大夫王孙满慰劳楚军。楚庄王一见王孙满，就问他，周王室宗庙里供奉的九鼎有多大，有多重。传说，这九鼎是大禹铸造的，象征着华夏九州，从夏朝开始就被当做天子的标志，是传国之宝。楚庄王此时已经有了取代周王室的想法，只觉得时机还不够成熟，于是顺应请求退兵。

之后楚国再次经历内乱，加上晋国赵宣子当权，与楚庄王形成南北对立的局势，一时间，楚庄王未能北上中原。

与此同时，楚庄王任用孙叔敖，整顿内政，悉心改革，时刻等待时机。公元前598年年末，晋国元帅郤缺去世。敏锐的楚庄王觉得这又是一次机会，公元前597年开春，楚庄王整顿军队，任命尹孙叔、子重、子反率领三军北上。楚庄王先围困了晋国的附属国郑，逼迫郑国背叛晋国，与楚国结盟。

面对楚国凌厉的攻势，晋国派大将荀林父迎击。但双方都不想贸然出战，几次试探后，决定握手言和。结果遭到了晋国贵族先縠、赵括等人的反对。更有人假冒荀林父的命令，向楚军宣战。引起楚军大举进攻，没有防备的晋军慌忙撤退到黄河岸边，溃不成军。楚军大胜，饮马黄河。

公元前594年冬，楚、鲁、蔡、许、秦、宋、陈、卫、郑、齐、曹、邾、薛、鄫等十四国在蜀会盟，正式推举楚国主盟，楚庄王遂成为称雄中原的霸主。

绝缨之宴

有一天,楚庄王宴请文武百官,一直到天黑,点着灯火时候还没有散。大家都喝得很高兴,兴致很高。就在这时,一阵风吹过,灯全都灭了。庄王的妃子许姬觉得有人拽自己的手,于是一气之下拉断那人帽子上的带子,然后悄悄告诉庄王:"有人趁着灯灭了拉扯。我已经扯断了他的帽带,请大王赶快下令点上灯吧,看看就知道是谁这么大胆。"

没想到,楚庄王却认为:"是我叫大臣来尽情喝酒的,喝多了之后做出了失礼的事儿,也是正常的,怎么能因为这点儿事就治罪呢。岂不是让其他人也跟着觉得受到羞辱了,这违反了我设宴的本意啊。"于是他高声说:"今晚同我一起喝酒,不断掉帽带,就不算尽兴。"

大臣听到纷纷摘掉帽子,扯断帽带。然后庄王叫人把火点上,大家相互一看不禁哈哈大笑,酒也喝得更加痛快,都十分尽兴。

过了三年,晋国和楚国交战,有一位名叫唐狡的将军特别勇敢,总是在前面冲锋陷阵,令楚军士气高涨。庄王很惊讶,他不记得曾经优待或赏赐过这个人,于是把他叫过来询问,为什么能为他出生入死。唐狡跪下回答说:"大王,我其实早就应该死了啊,我就是那个喝醉了酒做出无礼的事,被扯断帽带的人啊!您宽宏大量帮我隐瞒,我无时无刻不在想着要报答大王的恩德。"

公元前591年,一生充满传奇色彩的楚庄王病重,临死前告诫群臣:"无德以及远方,莫如惠恤其民,而善用之。"

大风长歌——汉高祖刘邦

汉朝，前后延续了四百多年，被认为和当时欧洲的罗马帝国并列为世界上最强大的国家，拥有最先进的文明。也就从汉朝起，华夏族才逐渐被称为"汉族"。中国古代四大发明，丝绸之路的兴起，佛教第一次来到中国，道教的创立，等等，都是发生在汉朝。

而这个强大帝国的缔造者就是刘邦。

农民到汉王

战国末期刘邦出生在沛县，就是现在的江苏省徐州市丰县。年轻时的刘邦，既不肯下地劳动，也不肯经商，每天无所事事，父亲每次看见他都要训斥。但是刘邦依然我行我素。他很仰慕魏国公子信陵君无忌，于是不远千里去投奔，但是等他到了魏国，信陵君已经死了。刘邦只能又回到家乡。后来，他做了沛县泗水的亭长。有一次，押送犯人去咸阳的路上，碰到秦始皇出游，刘邦看着前呼后拥的车队，说道：大丈夫就应该这样啊！

公元前209年，陈胜、吴广带领农民军起义，反抗秦朝统

治。这时,刘邦的家乡沛县县令听说刘邦是个能做大事的人,就让刘邦的朋友樊哙找他来帮助自己。等到刘邦来到城下,县令又怕了刘邦不听自己的命令,于是下令关闭城门,不准刘邦进城。刘邦十分气愤,于是写了封揭露县令的信射进城里,百姓看了信后又联想到平时县令的苛刻,于是联合起来杀了县令,放刘邦进城。几个有胆识的人一起推举刘邦为首领,决定起兵反抗秦朝。就这样,刘邦成为沛公,宣称自己是炎帝的儿子,正式举起了反秦的大旗,这一年,刘邦已经48岁。

刘邦起义后不久,经过两次战争,觉得自己兵少势威,就带领人马投奔了楚国大将项梁。项梁死后,楚怀王封刘邦为武安侯,并命令刘邦率军西征关中。

刘邦带兵出征,一路收复陈胜等起义军的参与力量,一路战无不胜,攻破陈留、南阳等地,一直打到武关,逼近秦朝都城。这

刘邦塑像

时,宦官赵高杀了皇帝秦二世,并派人给刘邦送信,想和他一起平分关中。刘邦知道这是赵高的计策,所以并不在意。仍旧按照张良的计策,派手下郦食其、陆贾说服把守武关的秦朝将领,然后率兵偷袭,攻下武关。然后又顺利攻下了秦的汉中和巴蜀等地方。

汉元年十月,秦王子婴率人在路旁迎接刘邦,献上传国玉玺。至此,统一六国的秦朝灭亡,一共只存在了15年。

刘邦以"关中王"的身份,进入咸阳。之后,在张良、樊哙等人的建议下,把军队撤退到灞上。并召集百姓,和他们约法三章:杀人者死,伤人及盗抵罪,并宣布废除苛刻法制,这一举措让刘邦立刻赢得了民心。

当时,还有一个和刘邦一样很有实力的将领,叫做项羽,就是我们现在说西楚霸王,破釜沉舟和霸王别姬的主角。在刘邦率军西征,夺取咸阳的过程中,项羽也大败其他军队,来到关中。项羽的谋士范增觉得刘邦是个阻碍,会和项羽争夺天下。

于是建议项羽找机会杀死刘邦。项羽接受了范增的建议,决定第二天就动手,这时项羽有四十万兵马,刘邦只有十万,如果打起来,刘邦一定失败。但是事情却出现了转机。原来项羽的叔叔项伯和刘邦的谋士张良是好朋友,他不忍心看着自己的朋友白白死掉,就趁着天黑跑到刘邦的营地里找张良,让他赶紧逃走。但是张良却觉得,刘邦是自己要辅佐的人,不能丢下他自己走,就把这件事告诉了刘邦。

张良是刘邦最重要的谋士,是一个很有才华的人。他已经为刘邦想好了对策。张良知道项伯是个善良老实的人,于是让刘邦赶紧去见项伯,并告诉项伯,自己并没有想当王的野心,并且愿

意把自己在咸阳得到的一切都交给项羽，请项伯把自己的想法转告给项羽。

项伯听了刘邦的话，又有自己的朋友张良作证，立刻相信了，让刘邦第二天去见项羽道歉。项伯回到自己的营帐后，立刻去见项羽，说："正因为沛公在前面开路，扫清了障碍，我们才能顺利来到关中，我们不应该猜疑他。而且如果能够对他真诚相待，也能够让你获得美名。"

第二天，刘邦带着张良、樊哙和一百士兵来到项羽的军帐鸿门，向项羽道歉。酒宴开始后，范增一直找机会想要杀掉刘邦，但项羽却没什么反应，看见范增的暗示也犹犹豫豫，下不了决心。范增于是提议让另一名将领项庄为大家舞剑，其实暗地里嘱托项庄找机会刺杀刘邦。项伯看出了范增的用意，于是也站起来和项庄一起舞剑，时时阻挡项庄，保护刘邦。张良趁机把樊哙叫了进来，樊哙是个粗鲁的武将，直接带着宝剑闯进军帐，看见项羽也毫不客气。反倒让项羽无言以对。刘邦趁着这个机会从酒席上溜走。就这样，刘邦躲掉了杀机，成功脱身。

刘邦塑像

楚汉战争

鸿门宴后的四年里，刘邦和项羽争夺天下的战争也进入白热化。

公元前205年，刘邦到达荥阳，整顿军队，借助关中的有利地形开始与项羽的长期抗争。这年冬天，项羽率兵围困荥阳。刘邦采用手下谋士陈平提出的反间计，使项羽和范增之间出现矛盾，范增一气之下回到家乡，不再参与项羽的争王事件。听说范增离开之后，刘邦又派人假扮成自己去假装投降，然后率领军队趁机突围，离开荥阳。

之后双方在成皋一带展开攻势，但是失去范增的项羽孤注一掷，最后被刘邦手下大将韩信前后夹击在彭城。项羽只好和刘邦订立盟约，约定双方以鸿沟为分界线，鸿沟以东归项羽，属于楚国。鸿沟以西归刘邦，属于汉。

盟约定立后，项羽率兵向东去。刘邦也想退兵，但是张良、陈平建议全力追击项羽的军队，兼并鸿沟以东。

公元前202年1月，刘邦率领约70万兵马将项羽围困在垓下。多次较量后，项羽的军队退到城中，不肯出来，虽然已经没有粮食，还不肯投降。韩信于是命令汉军的士兵晚上冲着垓下唱楚地的歌。项羽的老家在楚地，士兵大多是楚地的人，听到家乡的歌声后，都开始思念家乡，更加不想打仗，纷纷投降。最后，项羽只率领800人突围，等跑到垓下附近的乌江时，只剩下28人了。

项羽觉得自己带领楚国子弟出征，最后却一无所有回到家乡，没脸面见"江东父老"，于是放弃渡河，拔剑自刎。

至此，刘邦彻底夺得天下。刘邦在属下的拥护下称帝，建立汉朝。

文景之治——西汉文帝、景帝

汉高祖刘邦去世后，他的皇后吕氏开始把握大权，分封吕家的人，一时间，汉朝的军政大权都掌握在吕氏的手中。公元前180年，吕后去世，太尉周勃、丞相陈平等人联合起来，把吕氏其余人一举消灭。之后，迎接刘邦的儿子代王刘恒继承帝位，这就是汉文帝。刘恒即位后，励精图治，使经过汉初战乱的百姓能够安定生活。文帝在位23年，之后传给他的儿子刘启，也就是汉景帝，景帝在位16年，继续父亲的政策，休养生息。历史上把他们父子统治的这一时期称为"文景之治"。

文帝治世

重视农业，避免战争，这是汉文帝治理天下的主要策略。汉文帝认为，农业是天下的根本，只有百姓安心耕种，天下才能太平，国家才能富足。为了劝导百姓重视农业生产，汉文帝还亲自到田里耕种。后来又采用大臣晁错的建议，允许百姓用粮食来换取爵位甚至赎罪。做错事了，不想被惩罚，就向官府上缴一定数量的粮食。这使得经过汉初多年战乱的百姓，全都安下心来，发

展生产,努力生活。公元前167年,汉文帝为了进一步鼓励农业生产,还宣布免除了农民的租税。

为了给重农创造一个相对安定的环境,使国家集中精力进行生产,文帝采取措施解决了南粤赵陀的独立问题,消除了战争。

赵陀原是秦始皇时的南海郡的郡尉,即郡的军事属官。秦始皇平定南方的领土后,曾设置了三个郡,即南海郡、桂林郡和象郡,在秦朝末年,赵陀趁农民战争混乱之机兼并了其他两个郡,还自立为南粤武王。西汉初期,刘邦还没有力量征讨,就采取了缓兵之计,封赵陀为南粤王,让他治理当地粤族各部。在吕后当

汉文帝亲自侍奉母亲图

政时，觉得南粤是蛮夷之地，就限制对南粤的贸易，如不向南粤输出铁器，卖给他们的马、牛、羊都是公的，没有母的，就是不让他们得到的牲畜自己繁殖。赵陀见吕后如此对待，就干脆独立，自称为南武帝，还攻打长沙郡。吕后派兵镇压，却被赵陀打败。

赵陀的老家在真定，在听说祖先的坟墓被毁，家族兄弟被杀后，发誓要替祖先和兄弟报仇。文帝命令修好赵陀的祖先墓，又派人抚慰其家族的人。最后，派使者带着诏书和礼品出使南粤，告诉赵陀只要他取消帝号，就恢复他南粤王的称号，照旧管理南粤地区。赵陀最后又归顺了汉朝。

对于北面的匈奴，文帝用和亲和积极防御相结合的措施，同时将内地的人迁到边疆，充实当地的经济力量，这也为边疆的兵力补充提供了保证。文帝上述的重农和罢兵措施使汉朝的经济有了长足的发展。

通过纳谏，文帝纠正了自己错判的将军魏尚一案。魏尚原是云中郡的太守，他爱护将士，多次击败匈奴，使匈奴一直不敢轻易南下。但后来因为在上交的敌人首级时比原来报告的少了六个，文帝一气之下就罢免了他的官职，还判了刑。

文帝在一次和郎署长官冯唐聊天时，得知冯唐祖先是赵国人，父亲住在代郡，文帝曾经做过代王，于是二人便很投机地谈起来。自然谈到了赵国有名的将军廉颇。文帝便很高兴地说，如果他能得到向廉颇那样的将军，就不怕匈奴入侵骚扰了。冯唐听了很不以为然，很不客气地说，如果陛下能得到廉颇那样的将军，恐怕也不能很好地重用。文帝听了很生气，就问为什么。冯唐说，廉颇之所以能经常打胜仗，是因为赵王信任他，但现在将军魏尚仅仅因为上交的首级比报告的少了六个，就落得个罢官入

狱的结局；由此得知，就算得到了廉颇那样的将军也不能很好地任用。

文帝听了，转怒为喜，同一天就派使者释放了魏尚，恢复了他原来的官职，对于敢直言的冯唐也给予了奖赏，提升他做了车骑都尉。

另外一个例子就是和铁面无私的法官张释之的故事。张释之以正直，敢于和文帝争辩出名。文帝让他做了廷尉，即最高司法官。一次，文帝出巡路过中渭桥，结果拉车的马被一个行人惊吓，这在当时叫作犯跸，即触犯了皇帝的行动。张释之经过审理得知，犯法的行人原来听到了行车的声音，因为来不及躲闪，就躲到了桥下边。一会儿后，他觉得车马应该走远了，就从桥下出来，结果却恰好撞上了文帝的车驾。惊慌得拔腿就跑，就这样使马受惊。张释之依照法律规定，罚金四两。

文帝听说了很不高兴，嫌他判轻了，张释之据理力争："国法应该是天子和天下百姓一起遵守，如果不遵循律条，轻易重判或者轻判，就会使法律失去信用。既然陛下让臣来处理，就要按照国法办事，如果我带头任意行事，那岂不是给天下的法官起了坏作用吗？"文帝听他说的有理，就承认了自己的错误，不再追究了。

汉文帝像

景帝治世

景帝说:"农,天下之本也。黄金珠玉,饥不可食,寒不可衣,以为币用,不识其始终。"因此,他多次下令郡国官员以劝勉农桑为首要政务。

景帝允许居住在土壤贫瘠地方的农民迁徙到土地肥沃或水源丰富的地方从事垦殖,并"租长陵田"给无地、少地的农民。同时,还多次颁诏,以法律手段,打击那些擅用民力的官吏,从而保证了正常的农业生产。景帝曾两次下令禁止用谷物酿酒,还禁止以粟喂马。

文景时期的社会渐趋稳定,物价日益低廉,据学者统计,在整个西汉时期,文景统治的近40年内,直接关系到国计民生的米价下跌的幅度最大,这就为其他各项社会事业的发展奠定了良好的基础。

轻徭薄赋,约法省。禁景帝时期对农民的剥削(徭

汉景帝像

役)与压迫,较以前有所减轻。所谓约法省禁,就是法令要简约,刑网要宽疏。公元前156年,景帝即位伊始就颁布了诏令:"令田半租",即收取文帝时"十五税一"之半,即三十税一。从此,这一新的田租税率成为西汉定制。在降低田租的第二年,景帝又下令推迟三年男子开始服徭役的年龄,缩短服役的时间。这一规定一直沿用至西汉昭帝时代。

景帝在法律上实行轻刑慎罚的政策:其一,继续减轻刑罚,如前所述,对文帝废肉刑改革中一些不当之处的修正。其二,强调用法谨慎,增强司法过程中的公平性。其三,对特殊罪犯给予某些照顾。

发展教育,打击豪强。景帝时期,由于社会经济的恢复及发展已达到相当的程度,所以统治阶级上自景帝,下至郡县官都逐渐重视文教事业的发展。当时在教育领域中最突出的就是文翁办学。

文翁,庐江郡舒人,年轻时就好学,通晓《春秋》,以郡县吏被察举,景帝末年任命他为蜀郡太守。文翁首创了郡国官学,对文化的传播起了重要作用。他的成就得到后人的肯定,武帝很赞赏文翁的办学模式,在全国予以推广。

景帝一方面弘扬文教礼仪,另一方面又打击豪强。为了保证上令下达,景帝果断地采取了多项措施,重要的有两项:一是在修建阳陵时,效法汉高祖迁徙豪强以实关中的做法,把部分豪强迁至阳陵邑,使他们宗族亲党相互分离,削弱他们的势力,以达到强干弱枝的目的。二是任用酷吏,如郅都、宁成、周阳等,严厉镇压那些横行郡国、作奸犯科者,收到了杀一儆百的功效,使那些不法豪强、官僚、外戚等人人股栗,个个惴恐,其不法行为大

大收敛,这便局部地调整了阶级关系,有利于社会的发展。

由于推行了上述措施,就进一步促进了社会经济的稳定和发展。人口翻番,国内殷富,府库充实。

据说,景帝统治后期,国库里的钱堆积如山,串钱的绳子都烂断了。粮仓满了,粮食堆在露天,有的霉腐了。但是,文景时期社会经济的发展,又带来了贫富悬殊的分化。这种状况,既为后来汉武帝施展"雄才大略",提供了雄厚的物质基础。也给西汉中期带来了新的社会问题。

景帝的善于用人是很出名的,为了治理京城的众多皇亲国戚和官僚贵族,景帝任命执法严厉的宁成做中尉。结果宁成到任不久就震慑住了胡作非为的权贵。对于敢大胆进谏的程不识,景帝让他做太中大夫,负责评议朝政。

对于外戚的任用,景帝也能辨别是非,恰当使用。窦婴原是外戚,在七国之乱时,景帝经过比较,觉得其他外戚比不过窦婴,就封窦婴为大将军,镇守荥阳配合平叛,窦婴很出色地完成了任务。景帝的母亲窦太后好几次让景帝封窦婴做丞相,景帝不顾母亲的埋怨,觉得窦婴不太稳重,所以一直没有答应。最后还是让更合适的卫绾做了丞相。

景帝为人很宽厚仁慈,不记旧仇。张释之就是个很典型的例子:张释之在景帝做太子时曾经阻止他的车入殿门,因为他在进宫门时没有下车,违反了法令。最后这事还让文帝母亲薄太后知道了,文帝不得不摘下帽子认错,承认自己教子不严。这使当时的景帝很没面子,但景帝并没有像很多昏君那样,一即位便报私仇,还让张释之做廷尉。

景帝的仁慈还体现在对同胞兄弟姐妹和宫中嫔妃的态度上。

该爱护的爱护,该惩罚的惩罚,做得很公正。同母兄弟刘武和他很亲近,每次从自己的封地到京城都被景帝留下多住几日。有一次景帝喝酒后乘着兴致说在自己百年之后将皇位传给弟弟梁王刘武。弟弟和母亲当时也没有太在意,但后来刘武因为平定七国之乱有功,开始居功自傲起来,在自己的王国建造豪华的宫殿,出行时也用皇帝才用的旗子,这时的刘武将景帝曾经说过让他即位的话当真了。

但景帝在大臣的劝说下,觉得还是应该将皇位传儿子稳妥。刘武见没希望了,就很伤感地回到了自己的封地,后来就病死了。景帝也很伤心,他将弟弟的五个儿子分别封了王,这同时也是为了安慰伤心的母亲窦太后。

在公元前141年,景帝病死在未央宫,他不算长寿,死时仅四十八岁,做了十六年皇帝,将一个强盛的国家留给了儿子汉武帝刘彻。

景帝的谥号是"孝景皇帝",所以史称汉景帝。景帝埋葬在阳陵,地址在现在陕西高陵的西南。

汉景帝像

雄才大略——汉武帝刘彻

经过文景之治的休养生息之后,汉朝的国力已经今非昔比。公元前141年,景帝去世,第十子刘彻即位,这就是中国历史上伟大的皇帝之一——汉武帝。

汉武帝刘彻,7岁时成为太子,16岁登基,在位54年,建立了最辉煌的汉朝。他重用卫青、霍去病等名将,重击匈奴,解决北部边患,加上让张骞出使西域各国,使各小国争相进贡,成功开辟丝绸之路。当时的中国,俨然成为东方的霸主。汉武帝的雄才大略、文治武功也被后世称道。

独尊儒术

汉朝初期,遵循的是无为而治的主张,经济上实行减轻赋税的政策,符合当时的社会状况。但随着经济的发展,到了武帝时,迫切需要进一步强化中央集权制度,这种思想就不再满足政治需要了。

公元前140年,丞相卫绾对汉武帝说,现在推荐的官员,都是喜欢法家的思想，但不利于统一思想，他们的言论经常有扰乱舆论的危险。汉武帝于是让各地官员推荐懂得儒家思想的人，他亲自主持考试。董仲舒在回答汉武帝的问题时，回答得非常好。从此，汉武帝就开始重视儒生了。后来，董仲舒提出"罢黜百家，独尊儒术"的观点，得到武帝的认可。

董仲舒的"独尊儒术"，并不只是孔子的思想，而是融进了法家和阴阳家等其他学派的思想。儒家思想的主导地位由此确定，并进一步推而广之，成为整个封建社会的主导思想。

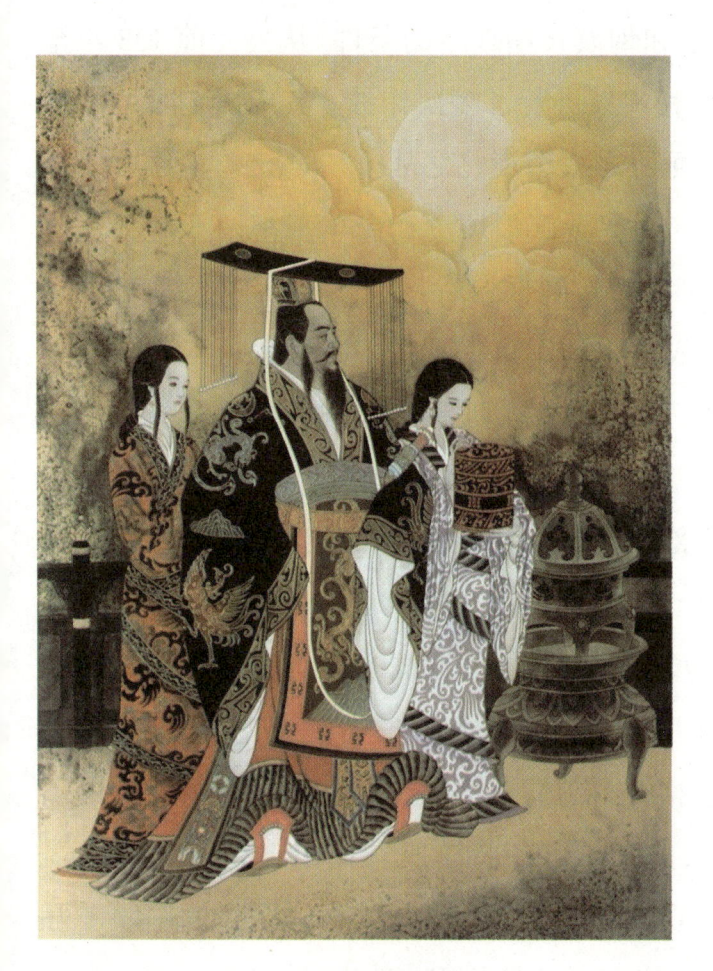

重击匈奴

匈奴是个历史悠久，祖居欧亚大陆的游牧民族，属于古代北亚人和原始印欧人的后代。我国古代所说的匈奴是指汉朝时称霸北方的游牧民族。汉朝初年，他们已经建立了奴隶制国家，并且国势强盛，先后打败了东胡、大

汉武帝像

月氏等部族和西域小国,称霸汉朝北方。随着汉朝经济的稳定,匈奴开始觊觎中原的物产,不断骚扰边境地带。最严重的一次,竟深入到离汉朝都城仅350公里的地方,严重地威胁着西汉政权。

公元前200年汉高祖刘邦曾率32万大军攻打匈奴,却被匈奴40万军队围困在白登山7天7夜。被迫采取"和亲"政策,把宗室女子嫁给匈奴首领,并且每年送去一定数量的金银物品,才让匈奴答应不再骚扰,允许民众往来买卖。

汉武帝即位时,汉朝已建立60多年,封建政权巩固,经济上也有了实力。具备了和匈奴长期战争的条件。从公元前133年至119年,汉武帝派兵和匈奴进行了多次作战。其中决定性的战役有三次:河南之战、河西之战和漠北之战。

公元前127年,匈奴贵族楼烦王和白羊王率两万起兵入侵汉朝上谷和渔阳。汉武帝接到报告后,卫青率3万兵马前去收复河套地区,扫除匈奴进犯的军事据点。卫青采取迂回进攻的方法,从后路包抄,出云中,西至陇西,一举击败匈奴,解除了长安的威胁。

为了巩固对西部的管理,汉武帝在那里设朔方郡、五原郡,并迁移了10万民众过去屯垦,又重新修了秦代的旧长城,派兵驻守,防止匈奴卷土重来。青年将军卫青也因为这一战升为长平侯。3年后,卫青又率骑兵赶走了匈奴的右贤王,生擒匈奴王子10余人。汉武帝破格提升卫青为大将军,成为全军的统帅。

公元前121年,另一位青年将军脱颖而出,这就是霍去病。霍去病是卫青的外甥,18岁就已经威震敌军。这次他率领1万骑兵,从陇西出发,在皋兰山脚下和匈奴骑兵交战,追击出去

汉武帝铜像

500多公里。这年夏天，霍去病又率几万骑兵第二次西征，这次一直打到祁连山麓，重挫匈奴。这场战役后，汉武帝在河西地区先后设置武威、酒泉、张掖、敦煌四郡，历史上称为"河西四郡"。河西走廊的收复，解除了汉王朝的西部威胁，打通了汉和西域交往的道路。

公元前119年，汉武帝派卫青、霍去病率十万骑兵、几十万步兵，兵分两路共同在漠北迎战匈奴首领。卫青率兵向北追击1 000余里，渡过戈壁沙漠，直到现在蒙古的杭爱山附近。霍去病也深入敌后，一直追赶匈奴左贤王到狼居胥山，到达今天的贝加尔湖，俘虏敌人7万多人。在这次战役中，汉武帝还组织了14万匹战马随行，以备换用，派了10万辎重兵转运粮草，保证了主力军的物资供应。

漠北之战给匈奴以致命打击，出现了"匈奴远遁，漠北无王庭"的局面。从此，匈奴开始向漠北和西域以西迁徙，强大的匈奴帝国开始走向衰落。为了加强防守，汉朝在这里屯兵60万。汉武帝取得抗击匈奴战争的胜利，使国家更加统一，长城内外"马牛放纵，畜积布野"，为经济文化的发展创造了极为有利的条件。

在汉武帝刘彻四岁时，景帝封他为胶东王，并遵照"立长"的传统封他已经成年的哥哥刘荣为太子。景帝刘启有个妹妹被封为馆陶公主，馆陶公主生了个女儿，她希望自己的女儿能当皇后，就想把女儿许配给太子刘荣，没想到遭到刘荣母亲栗姬的反对。馆陶公主因此对栗姬和太子刘荣都十分恼火。于是转而想把女儿嫁给刚被封为胶东王的刘彻，武帝的生母王娡没有任何犹豫地同意了这桩婚事。

汉武帝塑像

一天，馆陶长公主抱着只有几岁的汉武帝问："侄儿长大了要讨媳妇吗？"汉武帝说："要啊。"长公主于是指着左右侍女百余人问刘彻想要哪个，汉武帝都说不要。最后长公主指着自己的女儿陈阿娇问："那阿娇好不好呢？"汉武帝就笑着回答说："好啊！

如果能娶阿娇做妻子,我就造一个金屋子给她住。"

16岁的刘彻即位后,果然立阿娇为皇后。金屋藏娇的成语也由此而来。

有一年伏天,汉武帝下诏赐给东方朔等侍从人员每人一块肉,可是,负责分肉的大官丞却迟迟不来。东方朔就拔出自己的佩剑割下一块肉放到怀里,转身回家去了。

第二天,汉武帝问他:"东方朔,昨天朕赐肉,你为什么不等大官丞来,就擅自割肉回家呢?"东方朔连忙脱下帽子叩头谢罪。

汉武帝说:"先生站起来,自责吧。"

东方朔拜了两拜,大声说道:"东方朔!东方朔!接受赐肉,不等大官丞来分,自己拿走,是多么无礼啊!私自拔剑割肉,是多么豪壮啊!割肉不多,又是多么廉洁啊!把肉拿回去送给妻子,又是多么仁义啊!"

汉武帝被东方朔逗乐了,就说:"让你自责,你反道自夸起来了。"于是又赐给东方朔一石酒、一百斤肉,让他带回家交给妻子。

如果按照常理来进行自责,东方朔就该检讨自己错在哪里,就没有幽默可言。而东方朔在这里除了"多么无礼"一句,表面上像是自责以外,其余全是自夸的内容,称赞自己的"壮""廉""仁"。借题发挥,缀入自夸的内容让人感到滑稽可笑,既逗乐了汉武帝,又使自己得到了不少赏赐。

囚犯皇帝——汉宣帝

汉武帝晚年，因为宠臣江充诬告太子刘据，太子刘据被迫自卫，杀掉江充。汉武帝听信谗言，发兵讨伐太子，最后武帝皇后卫子夫与太子刘据都自杀。太子刘据的妻妾孩子也都被杀害，只有才几个月大的孙子刘病已幸免于难，被关进监狱。这个从监狱中走出的孩子后来登基为帝，改名刘询，就是汉宣帝，也被称为西汉中兴之帝。他在位期间，全国政治清明、社会和谐、经济繁荣、"吏称其职，民安其业"，平定四夷，匈奴臣服，史称"宣帝中兴"，更喊出"凡日月所照，江河所至，皆为大汉之臣妾"的豪言壮语。有史家说，宣帝统治时期是汉朝武力最强盛、经济最繁荣的时候。

邴吉救孤

太子刘据一案发生后，几个月大的刘病已被关入大牢。这时，一个叫邴吉的大臣被汉武帝调到京城任廷尉监，负责处理太子刘据的案子。邴吉知道太子是被武帝的宠臣江充诬陷的，觉得刘病已只是个无辜的婴儿，因此更加怜悯，把他安置在宽敞明亮的房间里，远离牢房，还吩咐人在狱中寻找刚生产完的女囚哺育他。

汉宣帝墓

过了两年，武帝生病了，望气者说长安监狱有天子之气，一定是有富贵的人被关在那里。汉武帝立即命人将狱中所有犯人不分轻重，全部处死。使者夜晚到来，这时廷尉邴吉再次挺身而出，紧闭大门，对使者说道："在这里的是皇曾孙。普通人都不能无缘无故被杀，何况皇上的亲曾孙呢？"邴吉大义凛然的举动，让汉武帝幡然醒悟，于是大赦天下，小小的刘病已终于走出牢房，被邴吉送到外祖母史良娣家里。

汉武帝临死时，下诏书将刘病已交到掖庭抚养，将他列入宗室属籍中，此时刘病已的宗室地位才得到正式承认。掖庭令张贺曾经追随过太子刘据，一直记得太子刘据的恩德，因此对刘病已额外照顾，不但事事亲力亲为，还为他聘请名师教授学识。少年刘病已向东海人澓中翁学习《诗经》，他高才好学，但也喜欢游山玩水，了解了风土人情，由此也知道了民间疾苦，吏治得失。

汉武帝去世后，儿子刘弗陵即位，即汉昭帝。昭帝元凤三年正月，发生了两件震惊天下的灵异事件：一件事是，泰山上一些孤立的石头，竟然会动，在山顶走来走去；另一件事是，皇家园林

上林苑一株干枯了很多年的柳树竟然复活了，更神奇的是这树上不知生的什么虫子，咬过的树叶仔细辨认竟然是汉字形状，这些树叶上的字连在一起就是"公孙病已当立"，一时间，人心惶惶。汉昭帝下令，杀了带头宣扬的人。事件才渐渐平息了，没想到，五年后，虫儿咬的字成真了。

公元前74年，昭帝去世，因为昭帝没有儿子，大臣中掌握实权的霍光等人就立昌邑王刘贺为皇帝。没想到，刘贺当了皇帝后，荒淫无道，所以仅仅27天后就被当初推举他的大臣废黜了。这时，已经成为光禄大夫的邴吉建议把流落民间的刘病已迎入宫中，继承帝位。邴吉又极力赞扬这位18岁的皇孙"通经术，有美才，行安节和"。大臣们同意了邴吉的提议，于是这年七月，刘病已入宫见皇太后，被封为阳武侯，同日登基为皇帝。

第二年夏天，为了减少百姓避讳，改名刘询，赦免之前因触讳而犯罪的人。

隐忍夺权

当时门朝文武大臣中，权势最大的就属霍家了。除了霍光自己身居要职，他的弟弟、堂兄弟、儿子、女婿、孙子等都在朝中担任重要的职位，有的负责统领禁卫军，有的负责皇宫的警卫，形成了一个盘根错节、遍布西汉朝廷的庞大的势力网。至此，霍光已经成为当时实际上的最高统治者，他的权势和声望在废除了昌邑王刘贺的帝位、拥立汉宣帝之后，达到了无以复加的地步。

霍光专权，让汉宣帝刘病已如芒在背，但他心里明白，自己刚刚即位，势单力薄，不能和羽翼丰满的霍光相抗衡，只有保持最大的克制，逐渐发展自己的势力，寻求有利时机，才能夺回自己的权利。因此他明确表示非常信任霍光，请霍光替他主持朝政，并当众宣布，一切大小事情，都要先让霍光知道，再来向他报告。这一系列行为不仅消除了霍光对他的忌惮和提防，也缓和了朝廷内部潜伏的政治危机。

汉宣帝即位后的第六年，霍光去世。汉宣帝认为时机已经到了，开始亲自处理朝廷大事，

汉宣帝像

并提拔自己信任的人担任重要职务，如任命邴吉为御史大夫，又委以他的岳父平恩侯许广汉以重任，逐渐收回皇帝的权力。

汉宣帝采取明升暗降的方式剥夺霍氏家族的权力。霍光夫人霍显却不改本性，依旧行事。霍氏子弟看到权力被剥夺，也大为不平，决定铤而走险，举行叛乱，推翻汉宣帝，保住自己的利益。但汉宣帝早有准备，所以叛乱很快被镇压了，汉宣帝将参加战乱的人全部判处死刑，皇后霍成君被废。在西汉朝廷中盘踞了十几年的霍家势力一朝覆灭，汉宣帝最终确立了他的绝

对统治。

之后，汉宣帝加强政治改革，惩治贪腐。他说："吏不廉平则治道衰"。所以，他即位后，除亲自过问政事，还特别重视地方长吏的选拔和考核，并下大力气整饬吏治。公元前54年，他派24人到全国各地巡查，平理冤狱，检举滥用刑罚的官员。他还先后十次下令，大赦天下。

汉武帝时曾打败匈奴，但匈奴只是兵败远走，迁徙到更北边，并没有向汉朝臣服。经过十几年的恢复后，匈奴的声势开始恢复，再次入侵汉朝。

汉宣帝即位第二年，就组织16万骑兵，分五路攻打匈奴，这是汉朝400年历史上最大规模的一次骑兵出征。同时，汉宣帝派遣校尉常惠前往乌孙，联合乌孙国5万骑兵，东西并进，夹击匈奴。这一战，匈奴损失民众十分之三，牲畜十分之五，国力大大削弱。

公元前60年，统治西域的匈奴日逐王先贤掸因为与新任单于不合，率兵归顺汉朝，被汉宣帝封为归德侯。宣帝特派将军郑吉前往迎接，一直护送到京城长安。之后，宣帝封郑吉为西域都护。郑吉于是在西域中心，设置幕府，修筑乌垒城，距阳关2 700余里，统领天山南北，大汉号令得以正式颁行于辽阔西域。

西域都护的设置，不仅是大汉王朝，更是华夏史上一个划时代的大事件。从此之后，东自车师、鄯善、西抵乌孙、大宛，西域诸国尽归大汉统辖。

公元前51年，呼韩邪单于亲自带人来到长安，全盛时有骑兵30多万，与汉缠斗140余年，纵横万里的匈奴帝国，终于向汉朝俯首称臣。

汉宣帝墓

当时与匈奴一样，让汉朝头痛的还有西羌。西羌盘踞在青海、陕西一带，民风剽悍，勇猛好战，经常和匈奴联合骚扰汉朝边境。汉宣帝果断任命已年近70的老将军赵充国为将，平叛西羌。赵充国只率领不到一万骑兵，迅速出师，到达湟水岸边，羌人多次挑战，他都坚守不出，只以威信招降，解散羌人各部落联合的计划。这时，他提出为了持久对抗西羌，在边境屯田，农忙时耕种，战乱时当兵，军队自足的方案，得到汉宣帝的支持。这一亦兵亦农的举措，对当时支援频繁的战争，减轻人民负担起到了很大的作用，一直影响到后世。

刘病已还未入宫的时候，掖庭令张贺就做主为他掖庭属官许广汉的女儿许平君为妻。后来，刘病已被拥戴为皇帝，许平君也跟随进宫被封为婕妤。当时，霍光专权，几乎所有人都在霍光家族的威逼下要求让霍光的小女儿霍成君当皇后，但汉宣帝对结发妻子许平君念念不忘，他下了一道"寻故剑"的诏书，要寻寒微时的一把剑。朝臣立刻明白皇帝的心意，便都见风转舵，联合奏请立许平君为后。

由此，以后人们经常用"故剑情深"来形容结发夫妻感情深厚，不喜新厌旧。

完美皇帝——光武帝刘秀

毛泽东点评《东观汉记》的时候，曾连续用了三个"最"来称赞一位皇帝，说他是"历史上最会用人、最有学问、最会打仗的皇帝"。这个皇帝是谁，能得到毛泽东这么高的评价？清代的著名学者王夫之也认为：自三代而下，唯光武允冠百王矣！不错，就是东汉光武帝刘秀，东汉的开国皇帝，中国历史上著名的政治家、军事家。历史上评价他才兼文武，豁达大度。他长于用兵，善于以少胜多，出奇制胜。

光武皇帝刘秀，字文叔，南阳蔡阳人，是汉景帝的儿子长沙定王刘发的后代。虽然名义上是皇族后裔，但是西汉后期，刘氏皇族的子孙遍布天下，刘秀这一支族人一直生活在南阳一带，到了他这一代，已经和平民布衣一样了。

刘秀九岁时父亲就去世了，由叔父刘良抚养成人。他身高七尺三寸，胡须很浓密，鼻子挺直，天庭饱满。天性勤劳，乐于耕种，而他的哥哥刘伯升则喜欢行侠仗义、养门客，还常常讥笑刘秀只知道在田间劳作，不思上进。当时汉高祖刘邦开创的西汉基业已经被外戚王莽篡权，改称新莽政权。

光武帝雕像

　　王莽统治后期,天下水旱等天灾不断,广袤的中原大地上赤地千里,哀鸿遍野,寇匪强盗肆虐。,南阳饥荒严重,刘秀为把粮食运到附近的宛县去卖。宛县人李通等用帝王受命的预言符兆鼓动他说:"刘氏家族将要复兴,而李氏将辅佐他们成其大业。"

　　光武起初并不相信,不想和他们一起,但想到兄长刘伯升一直以来的志向就是恢复刘氏基业,况且天下动荡不安,正是起兵反抗王莽政权的最好时机,就答应与李氏兄弟在宛县起兵,这年他28岁。然后,刘秀率人回到南阳,和兄长在舂陵乡会和,故史称刘秀兄弟的兵马为舂陵军。舂陵军的主力都是南阳的刘氏宗室和本郡的豪杰,兵少将寡,装备很差,甚至在初期,刘秀是骑牛上阵的,这就是为什么后世演义中称刘秀为"牛背上的开国皇帝"。

　　公元23年,西汉宗室刘玄被起义的绿林军拥立为帝,年号更始,刘玄即更始帝。虽然南阳一派刘氏对此并不服气,但刘玄

获得了大部分绿林军首领的支持，刘秀兄弟只能暂时忍耐。更始帝为了安抚将士任命刘伯升为大司徒，刘秀为太常偏将军。

因为更始帝沿用汉朝旗号，让王莽非常恐惧，立刻派兵42万向宛城进发，想要一举消灭更始政权。刘秀率领数千名士兵，到颍水边的阳关村去截击王莽的军队。众将见对方兵力强大，担心牵挂着自己的妻小，打算解散回到各自所在的城邑。

刘秀说："现在兵力和粮食已经很少了，而外敌却很强大，只有合力抵御敌人，或许可以建立伟大的功绩。如果兵力分散，势必不能保全自身。现在不齐心协力、共度危困成就功名，反而想保全自己的妻小和财物吗？"刘秀派王凤、王常留下防守，自己则趁着黑夜和骠骑大将军宗佻、五威将军李轶等十三骑，冲出昆阳城南门，到外面去招集兵力。这时到达昆阳城下的王莽军队将近十万人，刘秀几乎出不了城门。

之后，刘秀带领援兵回攻昆阳，杀死王莽的大司徒王寻，百万大军的主力覆灭于昆阳城下，举世震动。更始元年九月，绿林军攻入长安，王莽死于混战之中，政权土崩瓦解。

昆阳之战后，刘秀又攻克了颍阳县。这时兄长刘伯升被更始帝刘玄杀害，为了不受更

光武帝陵墓

始帝的猜忌,刘秀强忍悲伤赶赴宛城谢罪。

公元23年十月,更始帝派刘秀行北渡黄河,招抚河北的割据势力。刘秀到河北后,得到上谷、渔阳两地兵马的支持,杀死自立为王的王朗等人,实力迅速壮大起来。这时,更始帝的不安又开始了,他派人到河北,让刘秀交出兵马,并把自己的心腹派到河北,时刻监视刘秀。没想到,这次刘秀不但拒绝交出兵马,还杀死更始帝的心腹,公开与更始帝决裂。

公元25年6月,已经是拥兵百万的刘秀在河北鄗城的千秋亭被属下拥立为帝,不久定都洛阳,为表重兴汉室之意,仍然使用"汉"作为国号,后代根据都城洛阳位于东方而称刘秀所建之汉朝为东汉。东汉王朝建立的第三年,刘秀打败了赤眉军,控制了整个黄河中下游地区。建武六年统一了关东,使河西的窦融归附。建武九年和十二年又先后平定天水、巴蜀。经过12年时间,刘秀终于完成了统一事业。

励精图治

自从王莽篡权到天下再次统一为汉,经过了20年的时间,这20年中,百姓战死、饿死、病死不计其数。史书记载当时人口"十有二存",就是说,10个人里只剩下2个人活下来了。为了使饱经战火的土地早日恢复,刘秀实行轻徭薄税,兴修水利,罢免贪官污吏,加强中央集权,精兵简政。同时,刘秀连续下达了六道释放奴婢的命令,使得自西汉末年以来大量失去土地的农民沦为奴婢的问题得到了极大的改善,也使得战乱之后大量土地荒芜而人口又不足的问题得到了解决。到刘秀统治的末期,东汉人口数量达到了两千多万,增长了一倍还多,经济也得到了极大的

发展。在文化上,重用文人贤士,史称"光武中兴"。刘秀极为重视图书文化建设和皇家藏书的收藏。他在定都洛阳时,其经牒秘书,装了2 000多辆车,奠定了东汉国家藏书的基础。

民间画中的光武帝

收之桑榆

刘秀即位后,为了平叛赤眉军,派大将冯异率军西征。交战之后,赤眉军假装战败撤退,冯异不知道是假的,连忙带兵追击,结果在回溪之地中了埋伏,被赤眉军打败。可是冯异并没有就此放弃,他带领残兵撤回营寨后,重新召集走散的士兵,让他们假扮成赤眉军混入对方的队伍里,然后等待时机,终于在崤底之地内外夹击,大败赤眉军。

事后,汉光武帝刘秀下令奖赏他,说:"始虽垂翅回溪,终能奋翼黾池,可谓失之东隅,收之桑榆。"意思是,冯异虽然开始在回溪失利了,但终能在渑池获胜。可以说是在此先有所失,后在别的地方又有所得,应当论功行赏,以表战功。后来人们就用"失之东隅,收之桑榆"比喻在开始或暂时在某一方面失利,但在另一方面得到了补偿。

鲜卑汉化——孝文帝拓跋宏

北魏是鲜卑族拓跋氏在公元386年建立的封建王朝,是南北朝时期北朝第一个朝代,拓跋氏自称是黄帝后裔,黄帝发源地为战国时魏国所在;在古代,"魏"又有美好的意思,所以以"魏"作为国名。因为他的领土位于我国北方,又是北朝的第一个政权,所以历史上习惯称它为"北魏"。

孝文帝拓跋宏是北魏王朝的第七任皇帝,后来改名元宏,是北魏杰出的政治家、改革家。他在位期间大刀阔斧实施汉化改革,使鲜卑经济、文化、社会、政治、军事等方面大大的发展,缓解了民族隔阂,也对各族人民的融合和各族的发展,起了积极作用。使北魏以"华夏之兴邦"的姿态出现在中国的历史舞台上,史称"孝文帝中兴"。

娃娃皇帝

拓跋宏是献文帝拓跋弘的长子。公元469年,只有三岁大的拓跋宏被册立为太子。献文帝信仰佛教,对政治极其厌恶,总是想超脱俗世,去修身养性。所以,公元471年,拓跋宏才5岁的时

候,献文帝就把皇位禅让给了儿子。但是北魏王朝有个很残忍的制度——"子贵母死",就是如果要立儿子为太子,就得赐死他的母亲。因为,北魏时期,由君位传承引发的动乱十分频繁,北魏妇女又可以不受礼教束缚参与朝政,为了防止因为孩子幼小,朝中大权被外戚把持,从北魏第一任皇帝时就保留下了这个制度。所以孝文帝刚被立为太子时,他的母亲就被赐死了。他是由祖母冯太后抚养长大的。

因为小皇帝拓跋宏还完全没有能力处理政务,所以一直由他的祖母冯太后执政,直到他24岁时,冯太后去世。

冯太后是汉人,对鲜卑人建立的北魏王朝进行了一系列改革,拓跋宏自幼聪颖、博学多才,加上从小在祖母身边长大,深受影响,因此酷爱汉文化。公元493年亲政后,秉承冯太后的政

孝文帝塑像

策，继续进行汉化改革，而且做得比冯太后更大刀阔斧。

拓跋宏认为要巩固魏朝的统治，一定要吸收中原的文化，改革一些落后的风俗。当时，北魏已经建立上百年，都城平城气候恶劣，连粮食生产都不能满足都城的需要，而且拓跋宏还有更远大的志向，就是希望能征服中原，将鲜卑族的落后文化与中原的先进文化相结合，发扬鲜卑族，而平城的地理位置不利于对广大中原地区的统治。为了学习中原先进的文化，加强对黄河流域的控制，巩固北魏政权。他决心把国都从平城迁到洛阳。

拓跋宏打定主意后，觉得朝中的守旧派一定会反对，于是在一次上朝的时候，他宣布要大规模进攻南齐。这么草率的决定战争，大臣当然纷纷反对，其中最激烈的要数他的堂叔拓跋澄。但是拓跋宏却一句劝也听不进去，还发火说："国家是我的国家，你想阻挠我用兵吗？"

拓跋澄立刻反驳说："国家虽然是陛下的，但我是国家的大臣，明知用兵危险，哪能不讲。"孝文帝还是不听，气呼呼地宣布退朝。然后偷偷找来拓跋澄，告诉他："刚才我向你发火，是为了吓唬大臣。我认为平城只适合用武，并不适宜改革政治。现在我要改革，就非得迁都不行。这回我出兵伐齐，实际上是想借这个机会，带领文武官员迁都中原，你看怎么样？"拓跋澄恍然大悟，马上同意拓跋宏的主张。

公元493年，拓跋宏亲自率领兵南下，军队和文武百官浩浩荡荡从平城出发，到了洛阳。正好碰到秋雨连绵，足足下了一个月，到处泥泞不堪，根本没办法再走。但是拓跋宏仍旧下令继续前进，朝着南齐进发。大臣本来就不想出兵伐齐，正好趁着这场大雨，又出来阻拦。拓跋宏见时机已到，便提出了他的交换条

件:"这次我们兴师动众,如果半途而废,岂不是给后代人留下话柄,让人笑话。如果不能南进,就把国都迁到这里。你们觉得怎么样?"

众大臣听了,面面相觑,他们既不想攻打南齐,又不想迁都,一时间难以抉择。拓跋宏见情势差不多了,又催促说:"不能犹豫不决了。同意迁都的往左边站,不同意的站在右边。"这时,一个贵族说:"只要陛下同意停止南伐,我们同意把都城迁到洛阳。"虽然,许多文武官员都不赞成迁都,但是听说可以停止南伐,也都只好表示同意了。

拓跋宏见大臣没有异议了,他又回到平城,召集留守的贵族讨论迁都的事。平城的贵族搬出一条理由,都被拓跋宏驳倒了。最后,那些人实在讲不出道理来,只好说:"迁都是大事,还是卜个卦,测一下到底是吉是凶吧。"拓跋宏却说:"卜卦是为了解决疑难不决的事。迁都的事,已经没有疑问,不需要卜卦。要治理天下的,应该以四海为家,走南闯北,哪有固定不变的道理。再说我们上代也不止一次迁过都城,为什么我就不

孝文帝像

能迁呢？"贵族大臣被驳得哑口无言,迁都洛阳的事,就这样决定下来了。

公元495年9月,以平城文武百官及后宫粉黛移居洛阳为标志,孝文帝汉化改革的一项最为重要的决策——历时三年的迁都大功告成。

移风易俗

拓跋宏把国都迁到洛阳以后,决定进一步改革鲜卑族旧的风俗习惯。有一次,他跟大臣一起议论朝政。他说:"你们看是移风易俗好,还是因循守旧好？"咸阳王拓跋禧说:"当然是移风易俗好。"拓跋宏立刻说:"既然这样,我要宣布改革,你们可不能违背。"

接着,孝文帝就宣布几条法令：三十岁以下、现在朝廷做官的,一律要改说汉语。规定官民改穿汉人的服装,鼓励鲜卑人跟汉族的士族通婚,改用汉人的姓。

北魏皇室本来姓拓跋,从那时候开始改姓为元。魏孝文帝名元宏,就是用了汉人的姓。他自己又率先娶汉族大姓的女子为妃,同时把自己的女儿嫁给汉族大姓,把汉族地主和鲜卑贵族的利益联系在一起,壮大了北魏的统治力量,也加速了鲜卑的汉化。

拓跋宏的改革,使鲜卑族的经济文化得到了迅速的发展,加快了北方民族大融合的进程,巩固了北魏的统治。

开皇之治——隋文帝杨坚

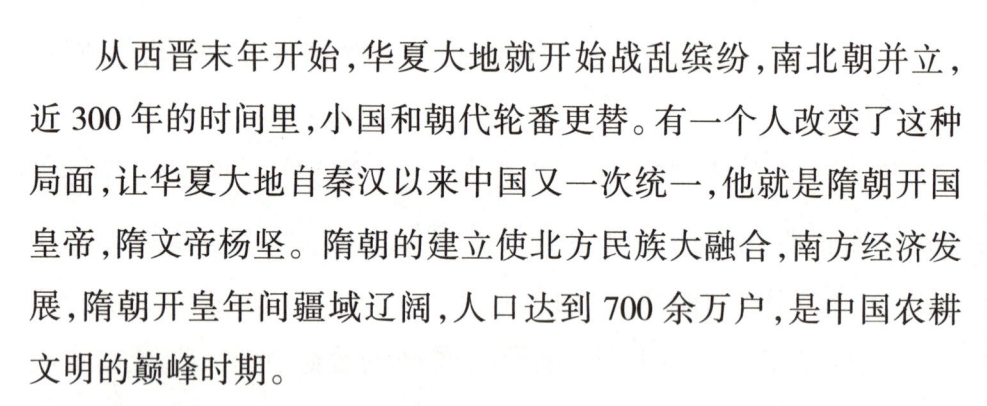

从西晋末年开始，华夏大地就开始战乱缤纷，南北朝并立，近300年的时间里，小国和朝代轮番更替。有一个人改变了这种局面，让华夏大地自秦汉以来中国又一次统一，他就是隋朝开国皇帝，隋文帝杨坚。隋朝的建立使北方民族大融合，南方经济发展，隋朝开皇年间疆域辽阔，人口达到700余万户，是中国农耕文明的巅峰时期。

隋代也获得了"国计之富者莫如隋"的赞誉，为中国封建社会隋唐盛世的出现奠定了基础。杨坚成为西方人眼中最伟大的中国皇帝之一，被尊为"圣人可汗"。

杨坚的父亲杨忠是北周的贵族，曾跟随北周太祖起义。北周建立后，论功行赏，被封为随国公。父亲去世后，杨坚继承爵位。当时的周武帝宇文邕是个疑心很重的人，觉得杨坚相貌非凡，不是个能给人做臣子的人。因此对杨坚一直放心不下，还找来相士赵昭偷偷为杨坚看相。可是，赵昭和杨坚早就认识，于是在宇文邕面前假装观察杨坚的面相，然后告诉宇文邕说：杨坚的相貌极其平常，当不了大富大贵的人，最多也就做个大将军。杨坚因此躲过一劫。

这时，一个叫王轨的大臣又建议宇文邕及早除掉杨坚。但是宇文邕已经对相士赵昭的结论深信不疑了，并不理会王轨的话。赵昭、庞晃，还有郑译、卢贲、窦荣定等人，日后都成为杨坚的亲信和心腹，为他篡夺北周皇位和创立隋朝天下，起了很重要的作用。

隋文帝像

宇文邕死后，他的儿子宇文赟即位。杨坚的长女被封为皇后，杨坚也晋升为大将军。可是，宇文赟对岳父杨坚的疑心更大，他曾直言不讳地对杨皇后说过："我一定要消灭你们全家。"并且在宣杨坚进宫的时候，再三叮嘱侍卫，只要杨坚有一点无礼的话语或动作，立刻杀了他。结果，杨坚几经化险为夷，心中早有准备，不管宇文赟怎么出言不逊、蛮不讲理，杨坚都神色自若，一点不符合身份的毛病都没有，让宇文赟没机会下手。最后，只能把杨坚派到扬州，眼不见为净。

宇文赟不问朝政，沉溺酒色，渐渐觉得当皇帝太累了，于是将皇帝让给年仅6岁的儿子。又给自己起了个封号叫天元皇帝，住在后宫，整天只顾着和嫔妃宫女们吃喝玩乐，荒淫无度的生活使他年仅22岁就丧命了。他的儿子静帝即位，任命外公杨坚为丞相。杨坚就在郑译和刘昉的帮助下以外戚身份顺理成章地控制了北周的朝政。杨坚当上丞相以后就开始了篡夺北周大权的计划，杀掉了北周皇室里的重要人物，消灭了对自己有威胁的政敌。

公元581年2月甲子日，北周静帝以杨坚众望而归为由下诏宣布禅让。杨坚谦让了三次后接受天命，在临光殿即皇帝位，定国号为大隋，成为隋文帝，同时宣布大赦天下。

隋文帝塑像

圣人可汗

当时的突厥，是北方唯一强大的国家，北周、北齐时都要贿赂突厥帮助自己抵制他国。杨坚即位后，断了给突厥送礼的习惯，突厥对杨坚开始心怀埋怨，经常派兵入侵边境。隋文帝采用长孙晟的"远交而近攻，离强而合弱"的战略，主要运用和亲拉拢分化突厥，使突厥耗于内战，然后各个击破。没多久，突厥各部落之间果然发生内乱，攻战不息，各可汗都派使者向隋文帝请求支援，隋文帝一概不理会，让他们继续互斗，磨损实力。

公元599年，突厥突利可汗在内乱中战败，投降隋朝。隋文帝借机派大将高颎、杨素率兵出塞，大败突利可汗的对手达头、都蓝军。隋文帝封突利为启民可汗，允许他招收以前的部落。

公元603年，步迦所部大乱，铁勒、仆骨等十余个部落背叛步迦，归顺启民可汗。启民可汗在隋朝保护下成为东突厥可汗。隋文帝通过挑拨分化及军事打击双管齐下将突厥分裂成东西两部，东部启民可汗向隋朝称臣，上书尊称隋文帝为"圣人莫缘可汗"，意思是指圣贤的、富厚的君主。隋文帝成为突厥名义上的君主，这是第一次中原的天子兼异族国君。

中国历史上有两个皇帝的改革力度最大，一个是秦始皇，另一个就是隋文帝。隋文帝在位期间，对国家管理体制进行了大规模的改革，在西方人眼中隋文帝是和秦始皇并列的中国历史上伟大的皇帝。

政治方面，首先是改良政治，改革制度。实行五省六部制，同时又采用西魏、北周的府兵制，寓兵于农，府兵在农时耕种、闲时

练兵。

废除酷刑,修订《开皇律》。对前代81条死罪、150条流罪、1 000余条徒、杖等酷刑以及灭族等,都一概废止,大大减少了法律的残酷和野蛮性,在中国法制上具有划时代意义。

为了储备人才,文帝又开科取士,通过考试选拔官员,不限门第。隋文帝曾派人巡视河北五十二州,罢免贪官污吏二百多人,又裁掉地方多余的官员约十分之三。这一制度,也开创了后世科举制的先河,促进了教育、文学的发展。

经济方面,仿北魏的均田制,实行均田法,又减免赋役,轻徭薄赋,让百姓得以喘息。提高了农民的生产积极性,增加了国家赋税收入。

正由于上述措施的推行,隋在文帝统治的最初二十多年间,政治清明,人口增加,府库充实,外患不生,社会呈现了一片繁荣,历史称为"开皇之治"。

奇人奇貌

史书《资治通鉴》上有一段隋文帝杨坚长相的记载非常有趣:陈朝至德元年十一月,陈后主陈叔宝派大臣周坟、袁彦出使隋朝。陈叔宝听说隋文帝杨坚的样貌异于常人,便让袁彦画了张像带回陈国。当陈叔宝看到杨坚的画像后,非常害怕地喊道:"我不想看见这个人"然后命人将画立刻扔了。

杨坚的相貌到底有什么奇怪的地方呢?

根据《隋书》的记载,杨坚额头突出,上面有五个并排隆起的部分从额头直插到头顶上。下颌很长,而且很突出。目光犀利,咄咄逼人。掌纹形似"王"字。上身长,下身短。

隋文帝墓

据说,杨坚的母亲吕氏在冯翊般若寺生下杨坚时,整个房间充满紫光。这时,有个从河东来的尼姑对吕氏说:"这个孩子不是凡人,不能在凡间养。"

于是,尼姑把他抱到庙里一个别院亲自抚养。吕氏有一次看到儿子,发现孩子头上长角,身上长鳞,又惊又怕,把他丢在地上。尼姑进来看到,说:"你吓到孩子了,他要多花些年头才能得到天下。"《隋书》和《北史·隋本纪》上都记载说,杨坚在庙里一直长到12岁才回家。

用现代人的眼光看来,长得这么丑的人,连他自己也会自惭形秽了。但是,在相术发达的古代,这种相貌却是"其贵无比"。相书上对这种长相还另有一个说法,叫作"龙颜戴干",龙颜自然是指帝王的相貌,戴干就是指头部有肉突起如干戈对立。据说帝颛顼就是这副长相。

贞观长歌——唐太宗李世民

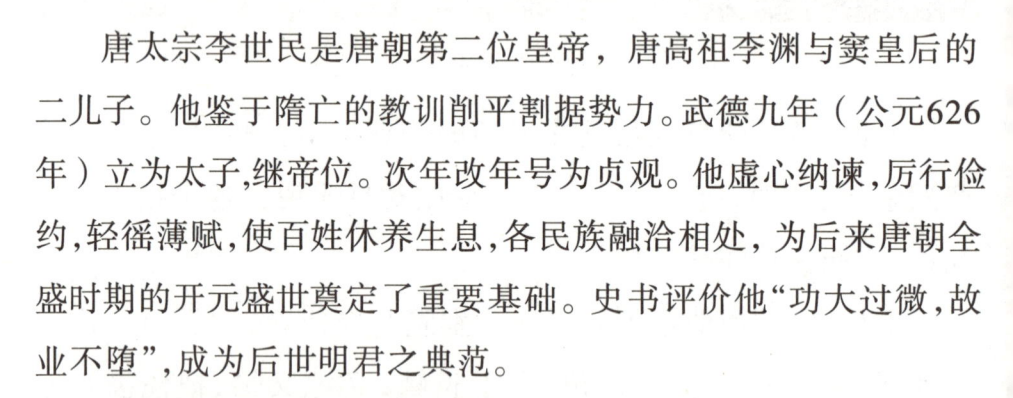

唐太宗李世民是唐朝第二位皇帝，唐高祖李渊与窦皇后的二儿子。他鉴于隋亡的教训削平割据势力。武德九年（公元626年）立为太子，继帝位。次年改年号为贞观。他虚心纳谏，厉行俭约，轻徭薄赋，使百姓休养生息，各民族融洽相处，为后来唐朝全盛时期的开元盛世奠定了重要基础。史书评价他"功大过微，故业不堕"，成为后世明君之典范。

唐太宗即位后，居安思危，任贤用良，积极听取群臣的意见，实行轻徭薄赋，舒缓刑罚的政策，并且进行了一系列政治、军事改革，加强汉藏交流，被当时少数民族尊为"天可汗"，促成了社会安定、生产发展的升平景象，史称"贞观之治"。这为后来的大唐盛世奠定了重要的基础，将中国传统农业社会推向鼎盛时期。

李世民在战斗中注重战前侦察，虽屡次遇险，但每次战斗都能做到知己知彼，善于制造战机，当敌强我弱时，他经常用"坚壁挫锐"的战法拖垮敌人，战斗中身先士卒，亲自率领骑兵突击敌阵，胜利后勇追穷寇，不给敌人喘息之机，因此获得了每次战役的胜利。

在统一边疆的战争中,他运筹帷幄,决胜千里,明于知将,选拔良才,取得了战争的胜利。李世民用他卓越的军事才能,为唐代的建立和发展作出了巨大贡献。

隋末,李渊先后任山西河东慰抚大使,太原留守,负责镇压今山西地区的农民起义和防备突厥。18岁的李世民看到隋朝气数已尽,劝父亲趁着隋末农民大起义的时机起兵推翻隋朝。公元618年三月,隋炀帝杨广被杀;五月,李渊即位,国号唐。封长子建成为皇太子,封次子世民为秦王、四子元吉为齐王。

唐朝建立伊始,疆土只限关中和河东一带,为统一全国,先后进行了六次大的战役。这六个战役李世民就指挥了四个,全部取得了胜利,为唐朝立下了赫赫战功。这四场战役分别是:破

唐太宗塑像

薛举,浅水原平定陇西薛仁杲(薛举之子),铲除了唐朝自西方的威胁;打败宋金刚、刘武周,收复并、汾失地,巩固唐朝的北方;在虎牢之战中,一举歼灭中原两大割据势力,即河南王世充和河北窦建德集团,使唐朝取得了华北的统治权;重创窦建德余部刘黑闼和山东的徐圆朗。

随着这几次战役的胜利,李世民的威望越来越高,尤其是在虎牢之战后班师返京时,受到长安军民的隆重欢迎。

玄武门之变

太原起兵的时候,李渊曾经答应李世民取得天下后立李世民为太子。但是唐朝建立后,却封李建成为太子,李世民只是秦王。根据《资治通鉴》记载:太子建成性情松缓惰慢,贪恋女色,和齐王李元吉关系好,两人经常犯错,因此李渊不是很喜欢他们。

唐太宗墓

随着越来越受到将士和百姓的拥护，太子李建成怕自己的地位受到弟弟的影响，于是联合四弟齐王李元吉，共同排挤李世民。另外，李渊处理政事优柔寡断，也使朝中大臣相互冲突，加速了李世民兄弟的兵戎相见。

李渊晚年宠幸的嫔妃很多，生了二十位小皇子，他们的母亲为了孩子都争相交结各位年长的皇子来巩固自己的地位。李建成和李元吉都借此机会刻意讨好各位妃嫔，以求得皇帝的宠爱。李世民却不肯，一切事情都秉公办理。所以嫔妃们很生气，争相称赞李建成、李元吉而诋毁李世民。

长此以往，李渊对李世民逐渐疏远，而对李建成、李元吉却一反之前的态度，亲密起来。就这样，兄弟之间的矛盾越来越大，李建成和李元吉也多次设计陷害李世民，但都被他化解了。

公元626年，突厥郁射设带领数万骑兵驻扎在黄河以南，越过长城，侵入边塞，李建成向李渊建议由李元吉做统帅出征突厥，借此要把握住秦王的兵马，并准备在昆明池设伏兵杀李世民。太子府率更丞王晊把这一密议告诉了秦王。李世民在危急时刻决定背水一战，先发制人。抢先一步杀死大哥李建成和四弟齐王李元吉。公元626年7月2日，李世民率领长孙无忌、尉迟恭等人入朝，并在玄武门埋下伏兵。李建成和李元吉二人不知底细也一起入朝，骑马奔向玄武门，结果在被诛杀在玄武门。这就是历史上有名的玄武门之变。3天后，李世民被立为皇太子。2个月后李渊退位，李世民登基。

从谏如流

李世民登基后，善于用人和纳谏，他重用房玄龄、杜如晦、魏征、长孙无忌等贤臣。在位20多年,进谏的官员不下30人,其中大臣魏征一个人就前后进谏200多次。李世民也把魏征比喻为自己的镜子。

一次,唐太宗怒气冲冲地回到后宫对长孙皇后说,总有一天,我要杀掉这个"乡巴佬"。长孙皇后忙问杀谁,太宗说,魏征常常在朝堂上当众刁难他,使他下不了台。皇后听了,连忙向太宗道喜说,魏征之所以敢当面直言,是因为陛下乃贤明之君啊,明君有贤臣,欢喜还来不及,怎能妄开杀戒呢。

太宗恍然大悟,此后更是"励精政道",虚心纳谏,对魏征倍加敬重。

由于魏征能够犯颜直谏,即使唐太宗在大怒之际,他也敢面折廷争,从不退让,所以唐太宗有时对他也会产生敬畏之心。

有一次,唐太宗想要去秦岭山中打猎取乐,行装都已准备停当,但却迟迟未能成行。后来,魏征问及此事,唐太宗笑着答道:"当初确有这个想法,但害怕你又要直言进谏,所以很快打消了这个念头。"还有一次唐太宗得到了一只上好的鹞鹰,把它放在自己的肩膀上,很是得意。但当他看见魏征远远地向他走来时,便赶紧把它藏在怀中。魏征故意

唐太宗像

奏事很久，致使鹞鹰闷死在怀中。

魏征死后，太宗如丧考妣，恸哭长叹，说出了那句千古名言："夫以铜为镜，可以正衣冠；以古为镜，可以知兴替；以人为镜，可以明得失……今魏征殂逝，遂亡一镜矣。"他还令公卿大臣把魏征遗表中的一段话写在朝笏上，作为座右铭，以魏征为榜样，做到"知而即谏"。君临天下的皇帝，对一个老臣竟倚重、倾心如此，这在历史上的确并不多见。

李世民是中国历史上的一代英主，其治绩一直为后世所传颂。因为亲眼看到了农民战争瓦解隋朝的过程，深知广大农民对封建统治稳定的重要性，所以他常用隋炀帝作为反面教材，来警诫自己及下属。吸取隋亡教训，调整统治政策，以缓和阶级矛盾，稳定社会秩序，恢复经济。

他像荀子一样，把人民和君主的关系比作水与舟，认识到"水能载舟，亦能覆舟"。李世民一登基就下令实行轻徭薄赋、舒缓刑罚的政策，并且进行了一系列政治、军事改革。他的进步性政策和措施符合历史发展的规律，终于促成了社会安定、生产发展的升平景象，史称"贞观之治"。贞观之治是中国封建时代最著名的"治世"。

军事上，公元630年，他派大将李靖平定东突厥，俘虏颉利可汗，解除了北边的威胁。之后又相继平定吐谷浑、高昌等地。大唐帝国四面出击，金戈铁马，气吞万里如虎。李世民比较成功地处理了与突厥、吐蕃、高昌及西域诸国之间的关系。对东突厥降众及依附于突厥的各族执行比较开明的政策，受到他们的拥戴，因而被尊为"天可汗"。

经济上，他革除"民少吏多"的弊政，利于减轻人民的负担。

除了北边的威胁。之后又相继平定吐谷浑、高昌等地。大唐帝国四面出击，金戈铁马，气吞万里如虎。李世民比较成功地处理了与突厥、吐蕃、高昌及西域诸国之间的关系。对东突厥降众及依附于突厥的各族执行比较开明的政策，受到他们的拥戴，因而被尊为"天可汗"。

唐太宗像

贞观之治

（公元627年—公元649年）贞观之治是唐朝初年唐太宗李世民在位期间出现的政治清明、经济复苏、文化繁荣的治世局面。因其时年号为"贞观"，故史称"贞观之治"。

唐太宗即位后，因亲眼目睹隋朝的兴亡，农民战争瓦解隋朝的过程，认识到了农民阶级对君主专制统治稳定的重要性，吸取隋亡教训，纠正前朝之弊端，调整统治政策，在国内厉行节约、使百姓休养生息。隋朝末期严重大乱，导致人口锐减，使得武德年间、贞观初年只有200万户，唐太宗李世民经常以亡隋为戒，自我克制欲望，嘱咐臣下莫恐上不悦而停止进谏，励精图治，在政治上，既往不咎，知人善任，从谏如流，整饬吏治。令隋末动荡之局面得以稳定下来。

唐太宗李世民按秦王府文学馆的模式，新设弘文馆，进一步储备天下文才。李世民知人善任，用人唯贤，不问出身。从而，寒门子弟入仕机会大增，为政坛带来新气象。此外，李世民更接纳封德彝之议，命宗室出任官吏，以革除其坐享富贵的恶习。

唐太宗李世民在位期间使隋制更趋于完善。中央朝廷方面延续了三省六部制，特设政事堂，以利合议问政，并收三省互相牵制之效。地方上沿袭了隋朝的郡县两级制，分全国为十个监区（道）。此外，行府兵制，寓兵于农。均田制、租庸调制、科举制等皆有所发展。

中书省发布命令，门下省审查命令，尚书省

唐太宗像

执行命令。一个政令的形成，先由诸宰相在政事堂举行会议，形成决议后报皇帝批准，再由中书省以皇帝名义发布诏书。诏书发布之前，必须送门下省审查，门下省认为不合适的，可以拒绝"副署"。诏书缺少副署，依法即不能颁布。只有门下省"副署"后的诏书才成为国家正式法令，交由尚书省执行。最为可贵的是，唐太宗规定自己的诏书也必须由门下省"副署"后才能生效，从而有效地防止了帝王个人可能作出的不慎重的决定。

贞观时期是中国历史上基本没有贪污的时期，这也许是唐太宗最值得称道的政绩。在唐太宗统治下的中国，皇帝率先垂范，官员一心为公，吏佐各安本分，滥用职权和贪污渎职的现象降到了历史上的最低点。尤为可贵的是，唐太宗并没有用残酷的刑罚来警告贪污，主要是以身示范和制定一套尽可能科学的政治体制来预防贪污。在一个精明自律的统治者面前，官

唐太宗墓

吏贪污的动机很小，贪官污吏也不容易找到藏身之地。防范贪污主要取决于一套科学修明的政治体制，光靠事后的打击只能取效于一时，不能从根本上铲除贪污赖以滋生的社会土壤。

唐太宗十分注重法治，他曾说："国家法律不是帝王一家之法，是天下都要共同遵守的法律，因此一切都要以法为准。"法律制定出来后，唐太宗以身作则，带头守法，维护法律的划一和稳定。

在贞观时期，真正地做到了天子犯法与民同罪。执法时铁面无私，但量刑时太宗又反复思考，慎之又慎。他说："人死了不能再活，执法务必宽大简约。"由于唐太宗的苦心经营，贞观年间法制情况很好，犯法的人少了，被判死刑的更少。据史书记载，贞观三年，全国判死刑的人才29人，几乎达到了集权社会法制的

唐太宗像

最高标准。

唐太宗李世民在经济上实行均田制和租庸调制，使农民安定生产，耕作有时，促进了经济的发展。重视农业，减轻农民赋税劳役。"戒奢从简"，节制自己的享受欲望；革除"民少吏多"的弊政，利于减轻人民的负担。

贞观时期是中国历史上少有的不歧视商业的时期，而且重视发展商业，还为其提供了许多便利条件，这进一步地体现了唐太宗李世民将眼光放到很远。在政府的倡导下，贞观时期的商业经济有了迅速和长足地进展，新兴的商业城市如雨后春笋般兴起。当时世界出名的商业城市，有一半以上集中在中

《晋祠铭》

国。除了沿海的交州、广州、明州、福州外,还有内陆的洪州(江西省南昌市)、扬州、益州(四川省成都市)和西北的沙州、凉州。首都长安和陪都洛阳则是世界性的大都会。

西汉时期开辟的"丝绸之路"一直是联系东西方物质文明的纽带,唐朝疆域辽阔,在西域设立了安西四镇,西部边界直达中亚的石国,为来往东西方的商旅提供了安定的社会秩序和有效的安全保障,"丝绸之路"上的商旅不绝于途,品种繁多的大宗货物在东西方世界往来传递,使"丝绸之路"成了整个世界的黄金走廊。

在军事上,唐太宗李世民多次对外用兵,先后平定突厥、薛延陀、回纥、高昌、焉耆、龟兹、吐谷浑等,由此唐朝声名远播,四方宾服。

贞观初年,唐太宗李世民诏令在全国范围内收集图籍,在弘文殿聚四部群书20余万卷,在弘文殿旁建"弘文馆"以储图籍。并任命虞世南、褚无量、姚思廉、欧阳询等充任学士,以魏徵、虞世南、颜师古等著名学者、硕学之士相继为秘书监,主管国家的图书馆和藏书事业,选五品以上工书者为书手,又在弘文馆设立检校馆藏的官员,缮写、整理、校勘图书,藏于内库,以宫人掌管。官府藏书机构除"弘文馆"外,另有"史馆""司经局""秘书省"和"崇文馆"等,其藏书质量和数量远远超过前代,史称"群书大备"。

由于唐太宗励精图治,在政治上加强对西域等地区的管辖,在外交上加强与亚洲各国的友好往来,在军事上积极平定四夷,在民族关系上对待少数民族"爱之如一",贞观年间,唐朝版图

空前辽阔，超过汉宣帝在位时期，至唐高宗龙朔元年（公元661年）达到鼎盛，是时领土东临於海，西逾葱岭，北逾漠北，南至南海。中外关系方面也迅速出现了繁盛景况。贞观后期，"四夷大小君长，争遣使入献见，道路不绝，每元正朝贺，常数百千人"。

　　贞观时期的唐朝更是当时世界唯一的文明最为强盛的大一统帝国。唐朝高度发展的文化，使来到唐朝的各国人，大多数以成为大唐人为荣。

　　唐朝还接收一批又一批的外国留学生来中国学习先进文化，仅日本官派的公费留学生就有七批，这些日本留学生学成归国后，在日本进行了"大化改新"运动，也就是中国化运动，上至典章制度，下至服饰风俗，全部仿效当时的唐朝，使处于原始部落状态的日本跃进了1000年。

开元盛世——唐玄宗李隆基

唐玄宗李隆基，被称为唐明皇，是唐睿宗李旦的儿子，女皇武则天与唐高宗李治的孙子。是一位功过都很突出的重要历史人物，他统治前期，为唐朝的高度繁荣起过重大作用，重用贤臣，励精图治，社会经济继续发展，出现了封建社会前所未有的盛世景象。但他晚年也给唐朝人民带来巨大灾难，重用奸臣，政治腐败，终于爆发了安史之乱，唐朝也由此走向衰败。

相传，李隆基多才多艺，知晓音律，擅长书法。他出生于公元685年，正是武则天主政要做女皇的时候，也正是从小时候就经历的错综复杂的宫廷变故，促使他形成了意志坚定的性格。他小时候就很有大志，在宫里自诩为"阿瞒"，虽然不被

唐玄宗浮雕

掌权的武氏族人看重，但他一言一行依然很有主见。

在他七岁那年，一次在朝堂举行祭祀仪式，当时掌管京城守卫的将军武懿宗大声训斥侍从护卫，李隆基马上怒目而视，喝道："这里是我李家的朝堂，哪里轮得到你来管，竟敢如此训斥我家的骑士护卫！"弄得武懿宗一时间不知怎么反应，看着这个小孩儿目瞪口呆。

武则天得知后，不但没有责怪李隆基，反而对这个年小志高的小孙子备加喜欢。第二年，李隆基就被封为临淄郡王。

唐隆政变

女皇武则天被逼退位之后，唐中宗李显即位，对与自己共患难的妻子韦后十分纵容，导致朝政大权逐渐被韦后一族掌握。这时，武则天的侄子武三思与韦后、安乐公主勾结，大肆打压张柬之、敬晖等功臣。之后太子李重俊率御林军杀死武三思、驸马武崇训，他自己又被随后而来的韦后部下所杀；接着，韦后与安乐公主合谋毒死中宗李显，立傀儡李重茂为少帝，自己总揽大权，垂帘听政。韦后肆无忌惮，安乐公主公开卖官，朝政异常腐化。

公元710年六月庚子日，相王李旦的三儿子李隆基和姑母太平公主共同精心谋划，发动唐隆政变闯入宫中，李隆基大声疾呼："韦氏毒死先帝，阴谋危害社稷，今晚应该要一起诛杀他们"于是守卫内宫的武士纷纷倒戈响应，最终杀死韦后、安乐公主、武延秀，铲除了韦武集团，并拥立相王李旦为帝，称唐睿宗。

此时的太平公主已由之前的同盟变成了李隆基的强大对手，随着自己势力的强大，太平公主的野心也膨胀起来，也想像母亲那样做女皇。但父亲李旦优柔寡断，不愿和太平公主发生正面冲突,总是忍让。到公元712年,睿宗怕再这样下去,李唐江山又大乱,于是毅然把帝位让给了儿子李隆基。26岁的李隆基登基,史称唐玄宗。

公元713年7月唐玄宗李隆基果断地先下手为强,发兵诛灭了太平公主,自中宗以来朝局多年混乱的局面最终结束。

开元盛世

皇权稳固之后,唐玄宗开始整顿朝纲,提拔贤能人做宰相。著名的宰相姚崇、宋璟、张九龄、张说都是唐玄宗时期的宰相。唐玄宗依靠这些贤臣在稳定政局的同时大力发展经济。

在官员选拔方面,唐玄宗采纳张九龄的建议,制定官吏的迁调制度。选取京官中有能之士,将其外调为都督刺史,以训练他们的处事才能及培养行政经验。对科举制度作出改革,限制了进

开元盛世组雕

士科及第的人数，以减少冗官的出现，提高官吏整体的素质。

政治的安定为社会经济的发展创造了条件，经济方面，首先，打击豪门士族，争夺土地劳力。他改革了食实封制度，以增加政府财政收入，减轻人民负担。发展农业，形成粮食布帛产量丰富，道路畅通，物价低廉，行旅安全，商业繁茂的局面。加上国内交通四通八达，对外贸易不断增长，波斯、大食商人纷至沓来，长安、洛阳、广州等大都市商贾云集，各种肤色、不同语言的商人身穿不同的服装来来往往，十分热闹。

在外交方面，唐玄宗实行和解的民族政策，改善了民族关系，使国家得到进一步统一。同时，开元年间和睦的民族关系对于社会稳定和经济发展也起了很大的促进作用。

文化方面，对儒生十分优厚，下令群臣访求历朝遗书，共觅得图书近五万卷，使唐朝的文化事业迈向顶峰。唐朝还是我国诗歌创作的黄金时期，流传至今的有两千多位诗人的近五万首诗歌。

由于唐玄宗采取了一系列积极的政治经济措施，唐王朝在各方面都达到了极高的水平，国力空前强盛。社会繁荣促进了人口的大幅度增长，迎来了"忆昔开元全盛日，小邑犹藏万家室。稻米流脂粟米白，公私仓廪俱丰实"的开元盛世。

唐玄宗不仅对内政进行有效的治理，对于边疆也进行了有成效的治理，将原来丢失的领地重新夺了回来。

自唐高宗以后，吐蕃强大，成为唐朝南方的严重威胁。女皇武则天时期，漠北的东突厥实力逐渐复兴，开始对中原跃跃欲试。东北又有新崛起的契丹部落，造成唐朝北方形势异常紧张。许多以前归唐朝管辖的地区在这两部分鼓动下纷纷脱离控制。

唐玄宗像

为收复北方领土,唐玄宗采取了很多措施。他接受了宰相张说的改革主张,建立雇佣兵。从关内招募到军士十二万人,充当卫士,这就是"长从宿卫",也叫作"长征健儿"。这种制度解除了各地人到边境守卫之苦,还为集中训练、提高战斗力提供了保证。另外,为彻底解决军粮问题,玄宗又命令扩充屯田范围,在西北和黄河以北地区大力发展屯田,增加粮食产量。

一切就绪后,在开元五年,他首先收复被契丹占领21年的辽西12州,并重新设置营州都督府,管辖这部分地区。随着对外征战的不断取胜,漠北的同罗、拔也古等都重新归顺唐朝。

西突厥与唐之间的战争也逐渐停止,开始友好往来。唐玄宗封粟末的大祚荣为"渤海郡王",设渤海都督府和黑水都督府,封南诏的皮罗阁为云南王,封回纥的骨力裴罗为"怀仁可汗",巩固了多民族国家的统一。他又在西域设置安西国镇节度经略使,阻止吐蕃势力向北发展。在陇右,河西之西设置军镇,巩固河西走廊的安定,保证了中国和中亚、西亚的交通顺畅。

丝绸之路的恢复,使唐朝的威望在西域重新建立起来,各国使者和商人再次往来不绝。

乱世明君——周世宗柴荣

后周,是五代之一。唐朝末年,社会动荡,战乱频起。历史上把公元907年到公元960年这段时间称为五代。这段时间是历史上著名的乱世,由于战乱所造成的社会大动荡,甚至超过三国和南北朝时期,与五胡十六国相比,有过之而无不及。在53年的时间里,换了五个王朝,十三位皇帝。

周世宗就是那个乱世里"救世主",他是五代十国最杰出的皇帝,被史家称为"五代第一明君",堪称照耀黑暗时代的一颗璀璨明星。他曾经跟大臣说要做三十年皇帝,用十年开拓天下,十年休养百姓,十年致太平。他在位期间,整军练卒、裁汰冗弱、招抚流亡、减少赋税,使后周政治清明、百姓富庶,中原开始复苏。然而时势弄人,柴荣只做了5年10个月皇帝就去世了,年仅39岁。

投笔从戎

据说柴荣祖上是唐朝开国元勋——霍国公柴绍的后人,柴绍是唐太宗李世民的妹夫(或姐夫),他的妻子就是大名鼎鼎的一代女杰平阳公主。只是到柴荣父辈的时候已经家道中落。少年柴荣前去投奔姑妈,他性格敦厚谨慎,很得姑父郭威的喜欢,经

常帮助郭威处理各种事务,后来被收为养子,改名郭荣。年轻时的柴荣曾与一商人一起到江陵贩卖茶货,这段经历让他增长了阅历开阔了眼界,使他有机会深入社会下层,了解民间疾苦和地方利弊。成年后,随已经晋升高位的郭威进入军界,成为郭威最为信任和倚重的心腹。郭威在后汉朝廷中任枢密使时,柴荣被任为左监门卫将军。

公元950年郭威和柴荣居住在京都开封的亲属全被后汉隐帝杀害,郭威被逼之下起兵,以"清君侧"为名杀向开封。公元951年,郭威推翻后汉称帝,改国号为大周,定都开封,后周建立。郭威起兵时,把柴荣留在后方镇守,之后以皇子的身份封为澶州刺史,之后又加封为晋王。史书记载,柴荣在澶州期间"为政清肃,盗不犯境……吏民赖之。"

公元954正月,柴荣晋升为加开府仪同三司,判内外兵马事,掌握最高军事指挥权。两天后,周太祖郭威驾崩,四天后,晋王柴荣按遗命在枢前即皇帝位,是为周世宗。

周世宗柴荣像

亲征契丹

柴荣即位不久,边关就传来八百里加急军报,原来北汉的皇帝刘崇和柴荣的养父郭威是死对头,一听说郭威去世了,马上勾结契丹率兵南下侵犯后周,3万兵马已经逼近周边境潞州了。面对突发状况,柴荣决定御驾亲征,没想到,这个想法一说来,就

遭到强烈反对,尤其是大臣冯道。冯道已经是五朝元老,可以说德高望重,但却是个老滑头。柴荣觉得刘崇趁着后周还在丧期,自己刚刚登基的时候来攻打,肯定是想借机吞并后周,也会亲自上阵的。所以自己不能不去。还举了唐太宗为例来勉励自己,"当初唐太宗平定天下,都是自己亲自带兵完成的,我又有什么做不到的呢?"

没想到,冯道很不给面子地反驳道:"就是不知道陛下您能不能成为唐太宗!"柴荣又说,后周军队兵强马壮,气势如虎,要打败刘崇就像一座山压碎一颗鸡蛋一样。冯道接着反驳说:"不知道陛下能不能成为山!"

但是这些都不能动摇柴荣的想法,因为他不只是想打败刘崇,还因为经过常年战乱,大臣早就习惯去旧迎新,只要一有不利的状况,将士会立马掉头,所以他下决心用战争的胜利来稳定朝堂。

柴荣命令自己的老丈人天雄节度使符彦卿和另外几路节度使一起带兵向潞州进军,自己则从开封出发,星夜兼程前去会合。路上,亲军都指挥使赵晁不想打仗,让军队放慢速度,被柴荣囚禁,于是将士都不敢再耽搁行程了。北汉王刘崇没有料到柴荣自己会亲率大军前来。一觉醒转,才知道周世宗亲统军队已经行到近前,并受到后周前锋军的猛烈进攻。关键时刻,柴荣亲自到阵前督战,后周军士气高昂,亲军将令赵匡胤与大将张永德各率令二千人和敌人殊死战斗。最后,北汉大将张元徽被周军杀死,北汉军大败。辽军害怕周军,不敢救北汉军,退回代州。刘崇狼狈地逃回太原。

之后,柴荣不仅奖赏了有功将士,更从严惩处了70多位作战不力的将校，有效地整顿了军纪，大大提高了战斗力，随后的战斗取得节节胜利，一直打到太原城下。后来因为粮草不能及时供应，只能班师回朝。

这次战役结束，柴荣吸取之前周军将领不遵守命令、士兵不能战斗的教训，下令整顿军队。他对群臣说，兵贵在精不在多，一百农民还不够养一个甲士，不能拿农民的血汗养老弱无用的兵。他命令赵匡胤检阅禁军，留用精锐，斥退老弱，又募天下壮士到京城，考核武艺，选取优异的人，成立殿前诸班。通过整顿，禁卫

周世宗柴荣墓

军成为一支威震邻国无比强大的军队，为以后比较顺利的统一南方诸国奠定了基础。

周世宗朝廷了一系列政治、经济改革，治河、通漕、扩建汴梁都城，并命大臣以《为君难为臣不易论》《开边策》为题，各抒己见。

在重修永福殿时，柴荣亲自视察工地，发现负责的官员竟然克扣工人的伙食和工钱，还虐待工人，有的人只能用瓦盛饭吃，

不禁大怒,当场将官员斩首。其他贪财的和滥杀投降将士的人也毫不留情地处死。

对于五代时期以严酷出名的法律,柴荣进行了彻底修订。废除了随意处死的条款,还废除一些如凌迟之类的酷刑。又以人道措施来对待犯人,打扫肮脏的监狱,洗刷枷拷,给犯人充足的饭食,有病的允许探视,无家人的病人由官府负责治疗,严禁使犯人无故死亡。

柴荣命人主持修改不合时宜不合情理的法律,成书后又让大臣讨论,最终完成了五代有名的《大周刑统》。它的出现,在中国法律史上是一大变革,对北宋的《宋刑统》起了直接的影响。

公元959年农历四月,柴荣率兵攻打北伐契丹。这次出师,仅四十二天,兵不血刃,连收三关三州,共十七县。柴荣正准备乘胜夺取幽州,却突然生病。其实在这次出征之时,柴荣就已经生病。有大臣劝他等身体好些再北伐,也不迟,柴荣却不听。本来他还想硬撑进军幽州,他的姐夫张永德苦苦劝说:"天下刚刚稳定,根基还很空虚,如果陛下出了事,国家怎么办?"柴荣只得下令班师回朝。

《五代史补》有这样一段记载,柴荣夺取瓦桥关后,登上高处检阅军队。当地百姓杀牛献酒慰劳军士,柴荣问道:"这地方叫什么名字?"当地人们回答:"这里历代相传,叫作病龙台。"

柴荣听后觉得不是很舒服,默默骑马离开了。结果,当夜就高烧不止。农历六月周世宗柴荣因病驾崩,终年三十九岁。

文治盛世——宋太祖赵匡胤

公元960年至公元1279年是我国历史上的宋代,上承五代十国、下启元朝,分北宋和南宋。宋朝是中国古代历史上经济、文化教育与科学创新最繁荣的时代期间,出现了宋明理学,科技发展亦突飞猛进,政治也较开明廉洁。西方与日本史学界中认为宋朝是中国历史上的文艺复兴,是中国历史上的黄金时期。

宋太祖赵匡胤,是大宋王朝的建立者,他在位期间,加强中央集权,提倡文人政治,开创了中国的文治盛世,是一位英明仁慈的皇帝,被看做推动历史发展的杰出人物。

陈桥兵变

宋太祖赵匡胤是涿州人,祖辈都是当时著名的军事家。后汉初年,赵匡胤应召入伍,成为郭威的部下。周世宗柴荣即位后,他又因能力出众,被升任殿前都点检。掌握了后周的军权。柴荣去世后,独生子柴宗训即位,

宋太祖像

年仅 7 岁，这就是周恭帝。由于年纪太小，虽然有宰相范质、王溥辅政，但仍是人心浮动，这时有人指出赵匡胤不应再掌禁军，以防威胁到小皇帝。可是柴荣生前与赵匡胤关系非常要好，所以周恭帝只是改任赵匡胤为归德军节度使、检校太尉。

宋太祖像

暗地里，其实赵匡胤早就有所活动。先是由赵匡胤的少年好友慕容延钊出任禁卫军殿前副都点检一职，又让王审琦担任殿前都虞侯一职，加上已经担任殿前都指挥使的石守信，整个禁卫军都是赵匡胤的心腹了。为兵变后控制皇宫提供了保障。

公元 960 年正月辽和北汉联合入侵后周，当时大臣正沉浸着新年的喜悦中，听到战报惊慌失措。为了迎战，宰相范质、王溥建议小皇帝让赵匡胤率领禁军前去。赵匡胤接到出兵命令，第二天就率兵出城。跟随他的还有他弟弟赵匡义和亲信谋士赵普。下午，到达了离开封几十里的陈桥驿，当晚就在那里驻扎休息。

一些将领却一起来到赵匡义那里，嚷着说："我们已经商量定了，要拥立您做皇帝。"赵匡义和赵普听了，暗暗高兴，一面叮嘱大家不要胡言乱语扰乱军心，一面赶快派人秘密返回京城，通知石守信和王审琦管好京城大门。但是，没多久，拥立赵匡胤的消息就传遍了军营。大家闹哄哄地来到赵匡胤住的驿馆。谁知前天晚上，赵匡胤喝酒喝多了，正在呼呼大睡，大家只能在门外守着。

第二天一早,赵匡胤听到外面吵吵闹闹的,赶快起床开门,可还没来得及说话,已经有人把准备好的一件黄袍,披在他身上。再一看,将士都已经跪在地上一边磕头一边高呼"万岁"了。接着,又把赵匡胤推上马,请他回京城。

赵匡胤这才开口说:"你们既然立我做天子,我的命令,你们都能听从吗?"

将士们当然回答是。于是他发布命令:到了京城以后,要保护好周朝太后和小皇帝,不许侵犯朝廷大臣,不准抢掠国家仓库。否则就要严办。

就这样军队回到京城,周恭帝让位,赵匡胤即位,改国号为宋,定都东京(河南开封)。历史上称为北宋。赵匡胤就是宋太祖。经过五十多年混战的五代时期,宣告结束。

杯酒释兵权

公元960年末,此时宋太祖刚刚平定了李筠和李重进叛乱,召见赵普问道:为什么从唐末以来,数十年间帝王换了八姓十二君,争战无休无止?我要从此息天下之兵,建国家长久之计,有什么好的办法吗。赵普回答说,这个问题的症结,就君弱臣强,只要削夺其权,收其精兵,天下自然就安定了。

不久,宋太祖把石守信、高怀德等将领找来喝酒。当酒兴正浓的时候,宋太祖突然说:"我若不是靠你们出力,是到不了这个地位的,为此我从内心念及你们的功德。但我整个夜晚都不敢安枕而卧!"石守信等人赶紧问原因,宋太祖继续说"皇帝的位子谁不想要呢?就算你们不想,然而你们部下想要富贵,一旦把黄袍

加在你的身上,你即使不想当皇帝,到时也身不由己了。"一席话说的这些跟随他很久的将领都不知道该怎么办。宋太祖又缓缓说道:"人生短暂,所以要得到富贵的人,不过是想多聚金钱,多多娱乐,使子孙后代免于贫乏而已。你们不如交出兵权,多买些田地宅院,过安稳的日子,还能给子孙留些财富。我还会和你们结为姻亲,从此我们君臣之间,再也没有猜疑,你们觉得怎么样?"石守信等人一听,只能表示感谢太祖恩德。

第二天,石守信、高怀德、王审琦、张令铎、赵彦徽等就上表声称自己有病,纷纷要求解除兵权,宋太祖欣然同意,免去他们的职务。后来宋太祖兑现了联姻的诺言,把守寡的妹妹嫁给高怀德,后来又把女儿嫁给石守信和王审琦的儿子。张令铎的女儿则嫁给太祖三弟赵光美。这就是历史上著名的"杯酒释兵权"。

赵匡胤有一次兴致高昂地在皇宫的花园里张网捕鸟。这时有个臣子说有急事求见,赵匡胤急忙召见了他。谁知他上奏的却是普通的事情。

赵匡胤非常生气了,责问他为什么说有急事。大臣回答说:"臣觉得这些事情就算不紧急,也比张网捕鸟这种事情紧急。"赵匡胤一下子火了,拿起东西砸向大臣,结果大臣被打落了两颗牙齿,那个大臣却一点也不害怕,还捡起牙齿,收起来,说:"臣没有资格对陛下说教,但是史官会如实记载这件事的。"赵匡胤听了,一下清醒过来,消了气,还赏赐了黄金安慰犒劳大臣。

赵匡胤虽然让正直的大臣付出了两颗牙齿,但终能分辨忠奸及时醒悟,过而能改,仍然可以成为"明君"风范。大臣即使掉了两颗牙齿,仍然直言不讳。正是这样的君臣配合,才会出现宋朝的盛世。

宋太祖塑像

据说,宋太祖赵匡胤年轻时曾经推车贩运为业。一次寒冬时候推着一车莲藕,经过现在的孝感西湖村时,饥寒交迫,但是酒馆饭菜都卖光了,加上朝廷禁酒令,喝得吃的都没有。

厨师见他饿得很,又看厨房剩下两张没有用完的豆油皮和葱、姜等材料,便随机应变,用莲藕作原料,洗净去皮,切成细丝,用盐腌渍后,拌上葱、姜、香菇丝等调配料和少许面粉,用净布紧紧卷捏成一字条形,再用抹过面糊浆的豆油皮包牢,切成筒片,并经油炸烹制,一盘"豆油藕卷"就做成了。赵匡胤非常感激,边吃边称赞。

大约过了十多年后,在公元960年,陈桥兵变,赵匡胤当上了宋朝的开国皇帝。一天,他忽然想起当年吃过的"豆油藕卷",顿时感慨万分,特意颁发诏书,取消孝感西湖禁酒令。

据《孝感县志》转引《方舆胜地览》记载:"太祖践位后,令宽西湖酒禁,仍置万户酒馆"。自此,"西湖酒市"复兴,沿传千年。

现在,孝感城西入口处,还立着"宋太祖沽酒处"的石碑。是孝感八景之一的《西湖酒馆》遗址。

契丹始创——辽太祖阿保机

阿保机全名是耶律阿保机，也就是辽太祖，辽朝开国君主，小名啜里只，汉名为耶律亿。阿保机对于契丹民族的发展起到了极其重要的作用，被视为契丹族的民族英雄。他以超群的谋略和卓越的政治军事才能，完成了中国北方地区的统一，为北方少数民族的发展作出了重大贡献。

契丹族是我国北方很古老的少数民族之一，源于鲜卑。鲜卑族中有一个宇文部，契丹就是宇文部的分支之一。契丹这个名称最早在我国史书中出现是在公元4世纪的北魏时期。北魏后期，契丹形成了古八部，八部之间互不管辖，也没有什么联系。

契丹族的传说是这样的：在茫茫的北方草原上流淌着两条河流，一条叫西拉木伦河，即"潢水"。另一条河叫"老哈河"，也叫"土河"，两河孕育了草原上的文明。

很久之前，有一位乘白马的神人与一位驾青牛的天女，他们分别顺一条河流往下而行，在木叶山地方土河、潢水交汇，他们也相遇了。于是神人与天女结为夫妻，生下了八个儿子，形成契丹八部。契丹人将源流始祖合称为"二圣"，乘白马的男子为奇首可汗，乘青牛的女子为可敦，即皇后。

从此，契丹人将青牛白马视为祭祀的圣物。同时，他们认为天神会化作乘白马的男子，地祇会化作乘青牛的女子。

到了唐朝时，为了对抗不断扩张的突厥势力，契丹形成了部落联盟。在八部酋长中共同选举一人为首领或者叫盟主。任期三年，到期改选。在契丹族中迭剌部因为离中原较近，所以发展最快。迭剌部的酋长一直由耶律氏家族世袭担任，到了阿保机的祖父匀德实担任酋长时，部落已有了发达的牧业和农业，势力强大开始由氏族制度向阶级社会的国家过渡。

诸弟之乱

公元872年，耶律阿保机出生。当时，契丹的贵族正在为争夺联盟首领之位打得不可开交。阿保机的祖父匀德实在残酷的这场争斗中被杀，父亲和叔伯全都外出避祸，只有祖母陪在他身边。长大后的阿保机，经过多次战斗，开始渐渐显露出过人的才干。《辽史》上记载他"身长九尺，丰上锐下，目光射人，关弓三百斤"。

公元901年，阿保机被选为迭剌部的首领。公元907年，八部大人罢免软弱

辽太祖塑像

的遥辇氏的痕德堇可汗，改选阿保机为可汗，自此他连任九年。阿保机的目标是像中原的皇帝一样建立终身制和世袭制，所以在他任可汗满三年时不肯交出大权，凭借他的实力和威望继续坐在可汗的宝座上，向皇帝的目标努力。这就引起了本家族其他贵族的不满，阿保机本家族的兄弟们便首先起来反对他，由此发生了历史上的"诸弟之乱"。

辽太祖塑像

公元911年5月，阿保机的兄弟剌葛、迭剌、寅底石、安端策划谋反，安端的妻子得知后就报告了阿保机，阿保机不忍心杀掉这些兄弟，最后赦免了他们。但是兄弟们并不领情，第二年，再次反叛。这年的7月，阿保机征伐术不姑部，让剌葛领兵攻打平州，剌葛攻陷了平州后，领兵阻挡阿保机的归路，想强迫他参加可汗的改选大会。

阿保机没有硬拼，而是领兵南下，按照传统习惯赶在他们的前面举行了烧柴告天的仪式，再次任可汗。这样就证明他已经合法地连选连任，使众兄弟没有了反叛的根据。但是，可汗宝座的诱惑究竟比兄弟之情要大很多。不到半年之后，公元913年的3月，第三次叛乱发生了。剌葛派一支部队夺走了可汗权力的象征旗鼓和祖先的神帐。阿保机的妻子领兵拼死抵抗，但仅追回旗鼓。4月,阿保机领兵北上最终将刺葛打败,夺回神帐。到5月,擒获刺葛。经过三次平叛,阿保机基本消灭了本家族的反对势力。

建立契丹国

本部落的反对势力消除后,契丹其他各部的反对势力仍旧存在,他们以恢复旧的可汗选举制度为旗号,强迫阿保机退让可汗之位。阿保机只好先交出旗鼓,答应退位。

他对众人说:"我在可汗之位九年,下属有很多汉人,我想自己领一部治理汉城,可以吗?"众人都同意了。

到了那里,阿保机率领汉人耕种,当地有盐铁,经济也很发达,阿保机采纳了妻子述律平的计策,派人转告诸部落的首领:"我有盐池,经常供给各部落,但大家只知道吃盐方便,却不知盐池也有主人,你们应该来犒劳我和部下。"

众人觉得有理,便带着牛和酒来了,没想到中了阿保机的诡计。阿保机布下伏兵,等大家喝得烂醉时,将各部落的首领全部杀死。

公元916年阿保机消灭了所有反对势力后,祭起了青牛白马旗,告示先祖,正式建国,国号契丹。之后,契丹几度更改国号,公元947年改成辽,公元983年又改为大契丹,公元1066年改成大辽,此后不再改号,直到公元1125年被金所灭。

立国之后,就是创制。阿保机发现,国境越来越大,可西部草原上新征服的奚族、室韦不习惯耕种。投奔的汉人,又不习惯游牧的生活。怎么办呢?阿保机决定接纳汉人大臣韩延徽的建议,设置两套行政机构——北面官"以国制治契丹",保留契丹部落

的惯例。南面官"以汉制待汉人",仿照唐代三省六部制治理汉人。一个皇权,两套官制,并行不悖。

每年的春夏秋冬四季,阿保机会到四个不同的地方居住,表面上,这是"游牧"之意,实际是巡察制度的雏形。

据史书记载,契丹原先没有文字,建立的契丹王朝后,由于社会发展的需要,曾经参照汉字的形体结构,先后创制了契丹大字和契丹小字,用以记录契丹语。

公元920年春正月,辽太祖耶律阿保机下令创制契丹大字,当年9月就完成了,并下令颁发。这种大字是采用汉字加以简化或增添笔画而成的。后来在辽庆陵出土的壁画上和许多辽代陶器上,都是这种契丹大字。

契丹小字,据说是皇子迭剌创制的。辽宁锦西县狐山辽萧孝忠墓所出土的墓志和义县,建平县所出土的铜器,银器上的契丹文字,就是这种契丹小字。

契丹文字使用了好几百年,但因为不易理解,并没有深入民间,可它极大地影响了西夏和女真文字,是契丹族对文化的一大贡献。

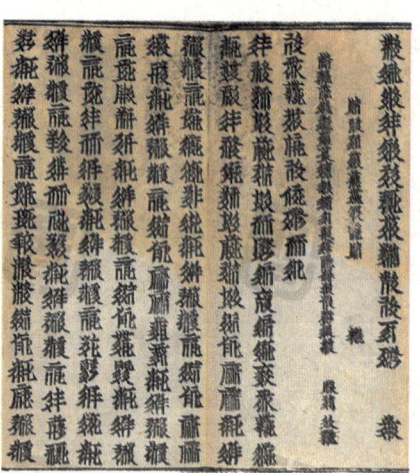

契丹文字

女真领袖——金太祖阿骨打

女真，是中国古代生活于东北地区的古老民族。源自中国史书中 3 000 多年前的"肃慎"，公元 6 至 7 世纪称"黑水靺鞨"。11 世纪，在黑龙江和松花江流域的土地上生活着从黑水靺鞨遗留下来的通古斯族群的女真族，向契丹人称臣。

完颜阿骨打就生活在这一时期，12 世纪前期他建立了金朝，金代开国皇帝。金朝统治中国北方一百多年之久，直到 13 世纪被蒙古人所灭。完颜阿骨打也成为女真族的伟大领袖，他一生驰骋疆场，完成建国与灭辽两件大事，为女真的统一与发展建立了不朽的功勋，女真

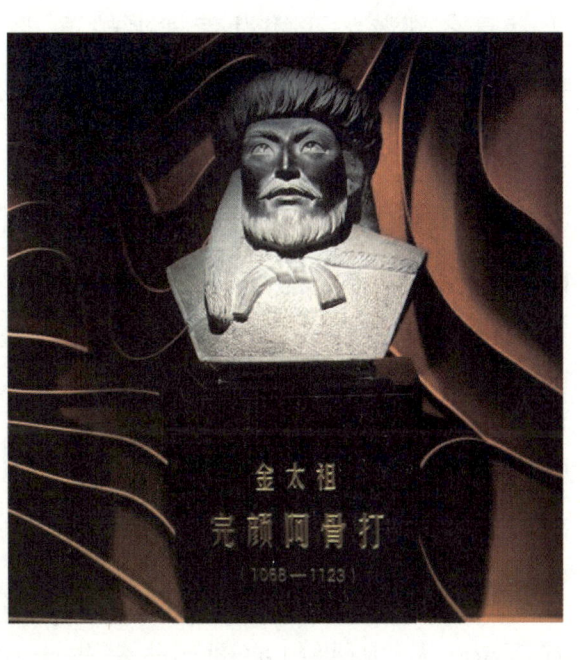

金太祖塑像

族的历史从而开始了一个新时期。

阿骨打从小酷爱骑射,力大过人,且为人豁达大度,颇具组织和领导才能。《金史·太祖本纪》对于阿骨打的评赞:太祖英谟睿略,豁达大度,知人善任,人乐为用……金有天下百十有九年,太祖数年之间算无遗策,兵无留行,底定大业,传之子孙。《金史》是元朝脱脱等人撰写的。

元朝的先祖——成吉思汗的祖先曾有多人被金朝处死。从这方面来说,元人与金人有着世仇。然而,在金太祖的本纪里竟然通篇都是赞美的话。这在中国古代帝王传中,都是很少见的,阿骨打是古代历史上的传奇英雄。

早期女真族分为几十个的部落,部落并不统一,完颜氏在这些部落中并不突出。直到阿骨打的祖父乌古乃任完颜部长时,征服和联合十几个部族组成部落联盟,完颜氏才发展成为强大的部落。但还是依附于辽国。从辽天祚帝即位以后,契丹贵族对于生女真各部落的压榨勒索越来越重。除定期定量的进贡外,辽朝还纵容边境的官吏和奸商去"低值"强购,称为"打女真",让女真人怨声载道。

1113年10月,阿骨打成为部落联盟首领。当时女真各部落的联盟已经巩固,具备了反抗辽朝压迫的能力。

1114年6月,辽天祚帝授予阿骨打节度使的称号。阿骨打为了表示诚意,特意派习古乃等去辽朝致谢,其实是为了探听辽朝内部的虚实。习古乃回报说辽在天祚帝的统治下制度废弛,内部空虚。阿骨打开始率领族人建城堡、修器械,准备南侵辽朝。

同年9月,阿骨打决定攻打辽朝,开始调集各部落军兵,共有2 500人。阿骨打率领兵士祭告天地,说:"这次出征,有功的人奴婢可以做平民，平民可以做官。原先有官职的，可以按功劳大小晋升。倘若违反誓言，即使自己死了，家属也不能赦免。"

第二天，到达辽国边界，阿骨打射死辽军主将，辽兵一见，全都转身逃跑了。女真兵乘胜追击，攻克边境宁江城，俘获大量马匹和财物，胜利回师。

建国大金

经过宁江州战役后，女真兵由2 500人增加到3 700人。1114年，辽国在出河店集结10万人准备消灭女真兵，当时两军的比例是1∶27人。面对强敌阿骨打并没有退避，而是决定出其不意发起进攻。

出发前，阿骨打用女真人最相信的萨满教梦卜之说来稳定和鼓舞军心。他对士兵说："我刚躺下，就有人摇我的头。一连三次，这是神在告诉我们不要睡觉，要连夜出兵，必能大获全胜！"听了他的话，顿时士气高昂，3 000多铁骑风一般奔向出河店。阿骨打选派精兵猛打正在破坏冰面的辽兵。辽兵根本没想到阿骨打的军队能赶到，纷纷溃逃。

金太祖塑像

这是中国战争史上以少胜多的典型战例之一。出河店大捷之后，各路女真兵纷纷归顺，阿骨打的兵力已经超万。

随着声势的壮大，女真部落联盟逐步统治了周邻的各部落，并攻占了辽朝统治下的宁江州、宾州、咸州等广阔地区，建国的条件逐渐成熟。早在1113年，阿骨打第一次出兵得胜后，国相撒改就劝阿骨打立国称帝。随着战事的顺利，部署又多次拥立。1115年夏历正月元旦，阿骨打终于同意建国，国号大金，他成为金国开国皇帝。

黄龙府和护步答冈之战

建国后，完颜阿骨打将下一个攻占的目标锁定在了黄龙府。地处吉林的黄龙府，是一座经济重镇，是辽朝的经济命脉。在12世纪的我国北方，谁取得了黄龙府，谁就有了高高在上的心理优势。宋朝大将岳飞抗金时，就曾立下"直捣黄龙，再与君痛饮"的誓言。

阿骨打采取常胜将军完颜娄室的意见，"围点打援"，围住黄龙府，扫清其外围，歼灭救援军队。黄龙府外围被扫平后，阿骨打率兵直捣黄龙府。一声令下，金军如潮水般推着各类攻城器械涌至城下，人人奋勇杀敌。辽兵一触即

金太祖像

溃,守将耶律宁弃城逃跑。

黄龙府失守,震惊了辽国朝野。辽天祚帝率领70万大军,企图一举消灭新生的金政权。当时金国只有两万人,两军比例是1∶35。

阿骨打认为,虽然辽兵只是人数多,却都是乌合之众。只要能主动出击,就有成功的可能。为鼓舞军心,年近半百的阿骨打,再次走上誓师台。

他在众将士面前仰天大哭,说:"当初,我领你们起兵,是为了我们女真人不再受辽欺压,有个属于自己的国家。没想到,辽国不允许我金国存在,现在更是皇帝亲自来征讨。我们只剩两条路:一是拼死杀敌,或许能转危为安;二是你们把我献给天祚帝,投降契丹,或许能寻条活路!"将士们听罢无不泣下,决定与辽军决一死战。

交战后,金军将士个个冲锋在前。正当两军打得正酣时,辽朝内部却出现政治纷争。

天祚帝只能放弃这消灭金军千载良机,班师回朝。阿骨打却没有就此罢手,他抓住良机,在护步答冈追上辽军,左右包抄,辽军大败。

这一仗显示出阿骨打超常的胆略和杰出的军事才能,也创造了世界军事史上以少胜多的奇迹。此战之后,曾在中国北方不可一世200多年的大辽国一蹶不振,直至灭亡。

薛禅可汗——元世祖忽必烈

13世纪初期，蒙古在首领铁木真的领导下，掀起强劲的扩张浪潮。强盛时的大蒙古国面积约2 400万平方千米，是一个历史上横跨欧亚两洲的帝国，覆盖了当时疆域内约1亿的人口。其疆域北部从朝鲜半岛一直延伸到俄罗斯西部。南部从缅甸一直到达伊拉克。他们的军队曾一路打到今天的波兰和匈牙利。

忽必烈就是在大蒙古国的黄金时代成长起来的。他的名字全称是孛儿只斤·忽必烈，是成吉思汗的孙子，拖雷的第四个儿子。他建立了幅员辽阔的统一多民族国家元朝，使得社会经济逐渐恢复和发展。成为这段蒙古史上最辉煌的时期，忽必烈也成为和祖父成吉思汗一样显赫的人。

忽必烈是蒙古民族光辉历史的缔造者，是蒙古族卓越的政治家、军事家。去世后被称为元世祖，蒙古尊号"薛禅可汗"。

汗位之争

1251年忽必烈的哥哥蒙哥继承蒙古帝国大汗位后，让忽必烈治理汉地。忽必烈在这段时间内任用了大批汉族幕僚和儒士，为建立元朝后治理中原奠定了基础。忽必烈没有想到，自己势力的发展，引起了哥哥蒙哥的猜忌。

1257年，蒙哥派人查核忽必烈负责的京兆、河南地方的财富。真实目的是要消灭忽必烈任用的官员，削弱他的势力。这时，幕僚姚枢向忽必烈献策说："大汗是国君，也是兄长。您是弟弟，也是臣子，不能跟他硬碰硬，不然会有大祸临头。不如您把家眷送回去，做出常驻的准备。大汗的怀疑自然会消除。"忽必烈随即把妻室家属送到蒙哥身边。这年12月，又亲自去朝见蒙哥。蒙哥见忽必烈亲自来拜见，疑虑顿时消除了。

1256年夏天，蒙哥以南宋扣押蒙古使者为理由，宣布进攻南宋。双方在钓鱼城血战，结果蒙哥受伤退兵，不久在在四川合州钓鱼山病逝。

元世祖出猎图

蒙哥汗去世了，留下三个弟弟：忽必烈、旭烈兀和阿里不哥。当时，旭烈兀自1256年成为波斯大汗后，远离蒙古高原，对继承大蒙古国汗位不感兴趣。只剩下忽必烈和阿里不哥竞争汗位。

1260年初，从蒙、宋前线匆匆北返的忽必烈抵达燕京。他在燕京附近驻扎了将近三个月。蒙哥汗亲征时留镇漠北的阿里不哥，在哈拉和林被选作蒙古帝国大汗，成为蒙古汗国本土上的统治者，而忽必烈则在中原开平自立为大汗。最后，兄弟围绕大汗位进行了四年的战争。

1264年，阿不里哥投降忽必烈。忽必烈为了笼络人心，没有杀他，但是处死了阿里不哥的主要支持者。为谨慎起见，他把阿里不哥作为重要俘虏囚禁了起来，直到1266年阿里不哥去世。

自从1206年成吉思汗建国以来，只是以族名为国名，称大蒙古国，并没有国号。忽必烈称汗后，也没有另立国名。直到1271年11月，在建国十多年之后，他的统治地位已经逐渐巩固时，才正式建国号为"大元"。

崖山之战

稳定汗位后，忽必烈恢复了征讨南宋的计划。当时的南宋政治腐败，奸臣贾似道专权。极力打击陷害有功将领，一批战功卓著的将帅，或被罢官，或被治罪，致使民心相悖，战备松弛。

1268年，蒙古军队围攻襄阳和樊城。这一著名的围攻战从1268年持续到1273年，其间充满着许多英勇抵抗的事迹，如著名将领张贵和张顺，增援襄阳过程中牺牲。1275年忽必烈的大军成功地征服湖北、安徽和江苏的主要城市，进入浙江。1276年2月4日，攻陷南宋首都临安，俘虏5岁的宋恭帝和谢太皇太后,以及南宋宗室和大臣,灭南宋,元朝成为全国性政权。忽必烈把小皇帝带回了大都,一直很善待他。

南宋的最后一批"爱国者"在张世杰、陆秀夫的率领下,拥立7岁的广王赵昺为皇帝,迁居崖山。陆秀夫任左丞相,与张世杰同执朝政。1279年4月3日,受蒙古水军攻击,宋军大败。陆秀夫背着小皇帝跳海。宋朝建立三百二十年,到此灭亡。

元世祖塑像

忽必烈实现了10个世纪以来"所有居毡帐"民,即世世代代的游牧民们,所抱有的美丽梦想。

涮羊肉在我国可是家喻户晓,据说他的起源还与元世祖忽必烈有关。

七百多年前,元世祖忽必烈统帅大军南下,经过多次战斗,人困马乏,饥肠辘辘。忽必烈猛地想起家乡的清炖羊肉。于是吩咐部下杀羊烧火。正当伙夫宰羊割肉时,探马突然气喘吁吁地飞奔进帐禀告敌军大队人马追赶而来,离此仅有十里路。但饥饿难

忍的忽必烈一心等着吃羊肉，他一面下令部队开拔，一面还想着羊肉。清炖羊肉当然是等不及了，可生羊肉不能端上来让主帅吃，怎么办呢？厨师急中生智，飞快地切了十多片薄肉，放在沸水里搅拌了几下，待肉色一变，马上捞入碗中，撒上细盐、葱花和姜末，双手捧给刚来到灶旁的大帅。

忽必烈抓起肉片送进口中，接连几碗之后，他挥手掷碗，翻身上马，英勇地率军迎敌，结果旗开得胜，生擒敌将。

元世祖创意像

在筹办庆功酒宴时，忽必烈特别点了战前吃的那道羊肉片。这回厨师精选了优质羊肉，切成均匀的薄片，再配上麻酱、腐乳、辣椒、韭菜花等多种佐料，涮后鲜嫩可口，将帅们吃后赞不绝口，忽必烈更是喜笑颜开。厨师忙上前说道："此菜尚无名称，请您给赐个名字吧。"忽必烈一边涮着羊肉片，一边笑着答道："我看就叫涮羊肉吧！你们觉得呢？"

从此，涮羊肉成了宫廷佳肴。直到光绪年间，涮羊肉才逐渐走向民间。

布衣皇帝——明太祖朱元璋

明朝（公元1368年至公元1644年），是中国历史上最后一个由汉族建立的大一统封建王朝。因为明朝的皇帝姓朱，所以又被称为朱明。前期国力强盛，经过几个盛世，国力达到全盛，疆域辽阔，是中国继周朝、汉朝和唐朝之后的繁盛黄金时代，史称"治隆唐宋""远迈汉唐"。

明太祖朱元璋是大明朝的开国皇帝，其统治时期被称为"洪武之治"。

朱元璋画像

朱元璋祖上几代人都是务农为主。元朝初年，朱家住在金陵，转为官府淘金。后来采金渐渐不能维持生活，朱元璋的父亲

就带着全家迁到濠州钟离县东乡落户。不久,生了一个儿子,按排行叫作朱重八,这就是朱元璋,这一年是公元1328年。

1343年,濠州发生旱灾。第二年春天又发生了严重的蝗灾,庄稼被蝗虫吃得干干净净。接着又发生了瘟疫。一时间,家家户户都死人。公元1344年,迫于生计的朱重八到家附近的皇觉寺出家做了和尚;两个月后,又离开寺庙,开始四处云游,这一年,他17岁。作为一个游方僧,朱元璋走遍了淮西、豫南的山山水水,三年后才又回到了皇觉寺。

当时正是元朝末年,寺院外政治腐败,再加上天灾频繁,走投无路的贫苦农民要活命,被逼无奈,只能造反。

公元1351年五月,韩山童、刘福通在颍州揭竿起义,同年八月,彭莹玉、徐寿辉在蕲水起义,这些士兵头上都裹着红巾,号称"红巾军"。1352年,郭子兴和孙德崖在濠州起义。一时间,全国各地都出现了各路起义军,天下大乱。

这时,朱元璋已经在皇觉寺又待了三年。听到起义的消息,也动了心,觉得自己老在寺院里,随时可能被官军抓走充当叛军领功,性命难保。恰好儿时伙伴汤和让人捎信给他,邀请他参加郭子兴的义军。朱元璋收拾了一下,就直奔濠州义军去了,这一年,他25岁。

义军名将

朱元璋入伍后,作战勇敢,又读过书,能认字写公文,所以很快得到郭子兴的赏识,郭子兴还把自己的养女嫁给他,这就是后来的马皇后。在起义军中,郭子兴与孙德崖等人不和,有一次郭子兴几乎中计被杀,全靠朱元璋,郭子兴才逃过一劫。从此,朱元璋更加得到他的信任。

不久,朱元璋见红巾军各将领之间矛盾重重,郭子兴势力难以壮大,就把自己统领的人马交给了别人,精选了二十四人南下定远——这其中就包括后来他的心腹大将徐达、汤和、费聚等人。这时,他还遇到了重要谋臣李善长。李善长和朱元璋一见如故,李善长以汉高祖刘邦为例劝说朱元璋:只要效仿刘邦知人善任,不乱杀人,很快便可平定天下。

朱元璋认为很有道理,于是留李善长做了幕府的书记,并嘱咐李善长好好协调将领间的关系,共创大业。朱元璋带兵进入滁阳后,修城固守,建立了自己的地盘。

1355年,郭子兴去世,朱元璋觉得自己势单力薄,还不能自立为主,不得已归附韩林儿的政权,被任命为左副元帅。同年夏,常遇春、廖永安、俞通海归附朱元璋,使得其军着手渡江攻入采石、太平。1356年朱元璋攻占集庆,将这里作为自己的

朱元璋塑像

根据地，并改名为应天府。至此，朱元璋以应天府为中心，正式与元朝对抗。

建立大明

朱元璋采取朱升"高筑墙、广积粮、缓称王"的建议，采取稳健的进攻措施。得大富商沈万三资助，并且遵照刘伯温"先汉后周"之策略，以应天为根据地，开始收归江南各势力。当时还有长江上游陈友谅，长江下游张士诚，东南方国珍，南方陈友定几股义军，其中属陈友谅最强，是朱元璋遇到的最危险的敌人。

陈友谅本是红巾军首领徐寿辉手下的大将，实力强大后就杀了徐寿辉，自己称帝。之后与张士诚联合进攻应天府。朱元璋采用"围魏救赵"的策略，逼陈友谅撤军，又使用离间计，让张士诚按兵不动，解了自己的围。最终双方在鄱阳湖展开决战。这场

朱元璋塑像

战役进行了三十六天。朱元璋的军队最终利用火攻取胜,陈友谅被乱箭射死。之后,朱元璋又在公元1367年吞并了张士诚。

公元1367年,朱元璋命令徐达、常遇春率军北伐,并沿路贴出布告,写着:"驱逐胡虏,恢复中华,立纲陈纪,救济斯民",以号召北方人民起来反抗元朝统治者。第二年,朱元璋在南京称帝,定国号大明。

1368年八月,明军围攻北京城,元顺帝带领后妃、皇子等经居庸关全部逃往蒙古草原。蒙古在中原98年的统治结束,明朝取得了在长城以内地区的统治权,中国再次回归到汉族建立的王朝的统治之下。

永乐大帝——明成祖朱棣

明成祖朱棣是中国历史上颇有作为的帝王之一。明成祖朱棣既是守成之君,更是开创之主。他在位期间完善明朝政治制度,发展经济,开拓疆域,迁都北京,编修《永乐大典》,派遣郑和下西洋。将靖难之役后的疮痍局面发展至经济繁荣、国力强盛的盛世,史称"永乐盛世"。

靖难之变

公元1360年4月17日,朱棣出生于当时被称作应天府的南京。几乎在明成祖呱呱坠地的同时,前线传来了陈友谅进攻太平的告急文书。军情紧急,朱元璋甚至对自己的这个儿子都来不及看上一眼,便又到前线指挥打仗去了。

公元1367年旧历年底,朱元璋祭告太庙,正式给自己的七个儿子起名,这时明成祖已经7周岁,他这才和众兄弟一样有了自己的名字——朱棣。

公元1370年,11岁的朱棣被封为燕王。公元1376年,朱棣已是17岁的英俊青年,他的父皇准备让他们到外地去当藩王了，朱棣在去燕京之前，朱元璋还为他定了亲事，妻子就是明王朝第一功臣中山王徐达的长女。公元1376年徐氏被册封为燕王妃，第二年就和朱棣成了亲。这时朱棣18岁，徐妃16岁。这位徐妃，后来成了朱棣夺天下、治天下的得力内助。

公元1380年春天，朱棣从南京奉命到达北平。不得不说的是，他的府邸就是元朝的旧宫，规格和天子一样。按照规定，藩王的府邸要比天子低一等，为了这事儿，朱元璋还曾特地告谕诸王，要他们不要与燕王攀比，因燕王府邸是元朝旧宫，不需要新建，他们新建的府邸则都要按规定办事。

公元1392年，朱棣的大哥太子朱标病死，朱元璋立太子的儿子朱允_为皇太孙。洪武三十一年，朱元璋去世，朱允_即位，称为建文帝。因为之前朱元璋为了加强皇室的力量，把自己的24个儿子和1个从孙封为亲王，分驻全国各战略要地，

明成祖像

导致藩王势力膨胀，渐渐对中央政权构成威胁。当时北平的燕王朱棣有10万兵马。所以建文帝上台后的第一件事就是削藩。他采纳大臣齐泰、黄子澄的建议，决定先从几个力量较弱的亲王下手，然后再对付力量最大的燕王朱棣。

朱棣得到消息后，决定先下手为强。于公元1399年7月起兵反抗朝廷。朱元璋曾经规定藩王有举兵清君侧的权利，朱棣以此为理由，指齐泰、黄子澄为奸臣，称自己的举动为"靖难"，即靖祸难之意。因此，历史上称这场朱明皇室内部的争夺战争为"靖难之役"。

"靖难之役"历时三年，公元1401年6月，燕王攻入京城，文武百官纷纷在路旁下跪迎接，在群臣的拥戴下即皇帝位，称为明成祖，年号永乐，因此又称他为永乐大帝。燕王进京后，宫中起火，建文帝下落不明，成为明史上的一大悬案。

元朝被推翻后，元顺帝逃往漠北，他的儿子爱猷识理答腊在和林建立北元。后来因为内部互相残杀，遂分裂为鞑靼、瓦剌和兀良哈三部。鞑靼部居住在今贝加尔湖以南和蒙古国的大部分地区。瓦剌部居住在今蒙古国西部和准噶尔盆地一带。兀良哈部聚居在今老哈河和辽河流域一带。

永乐年间，明成祖五次率兵亲征，打击居于漠北的蒙古贵族对内地的侵扰和破坏，这就是明成祖远征漠北之战。公元1409年，明成祖派遣使臣郭骥去鞑靼，结果被杀，朱棣忍无可忍，决心征讨鞑靼。

公元1410年2月，明成祖亲自率领50万大军远征鞑靼，明军杀敌无数，只用了几个月的时间，大败鞑靼。此时天气炎热，缺水，且粮草不济，朱棣下令班师。鞑靼部经过明军的这次打击，臣服于明朝，每年向明朝进贡马匹。明朝也给予优厚的赏赐，其部臣阿鲁台接受明朝给他的和宁王的封号。

鞑靼败后，瓦剌部逐渐强盛起来。不断要挟明朝厚赏，还妄想占领明朝的宁夏和甘肃地区，屯兵边境，向漠南逼进。朱棣为了满足鞑靼部的请求，也为了明朝边境的安宁，于公元1414年3月亲率30万大军征讨瓦剌部。

鞑靼人

同年6月初，在三峡口击败瓦剌部游兵。朱棣乘势向西北方向进攻，瓦剌军大败。瓦剌部受此重创，此后多年不敢犯边。次年，瓦剌向明朝贡马谢罪。

鞑靼部在明朝帮其打败瓦剌后，经过数年的恢复，势力日渐强盛起来，重新反叛明朝。朱棣又于公元1522、1523、1524年三次亲征，有效地打击了蒙古贵族势力的侵扰破坏，保障了边境的安宁，有利于促进社会经济的恢复和发展，进一步巩固中央政权的统治地位。

郑和，原名马三保，是明朝伟大的航海家。在公元1405年至1433年间，曾经七下西洋，完成了人类历史上伟大的壮举。郑和原是燕王朱棣府中的太监，因为在靖难之变中，为朱棣立下战功。朱棣特赐他郑姓，改名为和，任为内官监太监，官至四品。

公元1405年7月11日，明成祖命郑和率领庞大的二百四十多艘海船，两万七千四百名船员组成的船队远航，访问了30多

个在西太平洋和印度洋的国家和地区，加深了中国同东南亚、东非的友好关系。

自 2005 年起，我国将每年的 7 月 11 日定为中国的航海日，并规定全国所有的船舶鸣笛挂彩旗。

郑和的航行之举远远超过葡萄牙、西班牙等国的航海家近一个世纪，如麦哲伦、哥伦布、达伽马等人，堪称是"大航海时代"的先驱，也是唯一的东方航海家。他更早狄亚士 57 年远赴非洲。

明成祖像

永乐大典

公元 1403 年 7 月，明成祖朱棣命解缙、姚广孝、王景、邹辑等人纂修大型类书，至公元 1404 年 11 月编成，起名《文献大成》，后因为当时明成祖的年号是永乐，所以改称《永乐大典》。全书目录 60 卷，正文 22 877 卷，装成 11 095 册，约 3.7 亿字，汇集了古今图书七八千种。是迄今为止世界最大的百科全书，它的规模远远超过了前代编纂的所有类书，为后世留下许多丰富的故事和难解之谜。与法国狄德罗编纂的百科全书和英国的《大英百科全书》相比，都要早 300 多年，堪称世界文化遗产的珍品。

中兴之主——明孝宗朱祐樘

明孝宗朱祐樘是明朝第九位皇帝，在位期间努力扭转朝政腐败的状况，励精图治，驱除宫内奸臣，任用王恕、刘大夏等为人正直的贤臣，使明朝再度中兴并发展为盛世，史称"弘治中兴"。后世史家给予明孝宗很高的评价，认为他力挽危局，清宁朝序，恭俭有制，勤政爱民，为中兴明主，其功绩和个人品德都不亚于太祖和成祖。

朱祐樘是明宪宗成化帝朱见深第三子。他的童年经历，可以说是相当坎坷。他的生母纪氏是广西纪姓土司的女儿，纪姓叛乱平息后，少女纪氏被俘入宫中。一次明宪宗偶尔经过，见纪氏美貌聪敏，一次临幸，纪氏怀孕。按理说，在母凭子贵的古代，纪氏怀孕是件再好不过的事。但是，当时明宪宗宠幸贵妃万氏。据说万贵妃比明宪宗大了十多岁，自小侍候明宪宗，生的也不美，但明宪宗却是"万千宠爱在一身"。万贵妃因为年龄的问题不能再生育，就把一腔愤怒都发泄到了其他妃子身上，凡怀孕的都被她暗中下毒或找罪名杀死，连太子也未能逃出毒手。万贵妃知道纪氏怀孕后，命令一宫女为纪氏堕胎。宫女

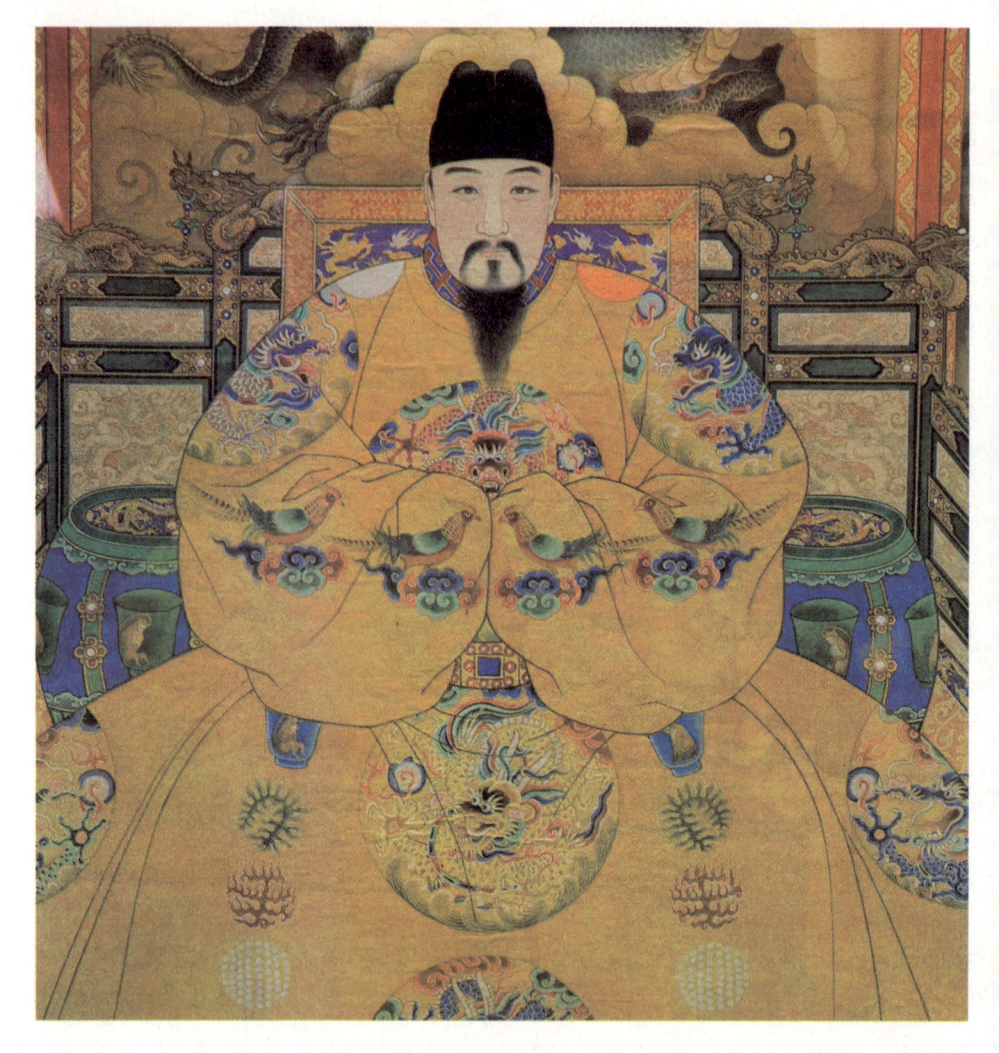

明孝宗像

不忍心下手,回报万妃时就谎称是肚内长了瘤子而不是怀孕,这样纪氏偷偷生下了皇子,也就是后来的明孝宗朱祐樘。朱祐樘出生后一直跟随母亲纪氏生活,在太监怀恩、宫女张敏和废后吴氏等人的保护下,躲过了万贵妃的毒手。

一天,宫女张敏为明宪宗梳头时,明宪宗叹息说:"我已经老了,还没有儿子能够继承天下,这难道是上天对我的惩罚吗!"张敏连忙伏地说:"万岁已经有儿子了。"明宪宗大吃一惊,追问之下张敏才说出了真情。一旁的司礼监太监怀恩也为张敏作证。

明宪宗听完非常高兴，立即派人把小皇子接了过来。第二天就昭告天下，立朱祐樘为皇太子。但随后朱祐樘的生母纪氏却突然死亡，宫女张敏也吞金自杀。显然这都是万贵妃做的。明宪宗的母亲周太后担心万贵妃会对太子下毒手，就将孙子抱到自己的仁寿宫内，亲自抚养，才使太子安全地生活在宫中。

据说，有一次，万贵妃请太子去吃饭，周太后叮嘱道："你到那里，千万不要吃东西。"太子赴宴时果然不沾任何食品，不管宫女拿来什么，他都只说自己已经饱了。当宫人捧上汤羹时，年幼的太子突然说："我怀疑这里面有毒。"万贵妃既吃惊又生气，喊着："这孩才几岁就这样了，长大后一定会来害我！"

此后，她一改对宪宗后宫生活的控制，不再限制明宪宗在妃嫔中走动，妃嫔们有孕也能顺利出生，皇子渐渐多起来。这时，万贵妃才跟明宪宗说让他废掉皇太子的地位。

明宪宗对万贵妃一向言听计从，自己也有其他的儿子了，就答应了万贵妃。只是废太子是要在朝堂上讨论的，明宪宗就在上朝的时候把这件事说了，没想到朝中众臣极力反对。恰好泰山一带突然出现地震，钦天监指出地震的原因是上天警示如改立太子，必将引起动乱，明宪宗心中恐惧，于是下令不准再议废太子之事。

弘治中兴

公元1487年春，万贵妃病死，明宪宗因为悲伤过度不久也去世。这年9月，朱祐樘登基为帝，称为明孝宗。

当这个十七岁的青年登极为帝的时候，只得到少数正直大臣的拥护。朱祐樘早就知道父亲留给自己的是一个千疮百孔的

国家。因此，一即位他就着手改革弊政，并且先从朝廷要员的人事安排入手。首先裁宦官及佞幸之臣，太监梁芳、外戚万喜及其党羽均被治罪；又淘汰传奉官2 000余人；罢遣禅师、真人等240余人，佛子、国师等780人被追回诰敕印仗，遣归本

明宪宗像

土。并调整内阁班底，罢免了不学无术、依附权要的阁臣万安、尹直等人。同时，明孝宗大量起用像王恕、怀恩、马文升等宪宗在位时由于直言被贬的官吏，以及徐溥、刘健、谢迁、李东阳等贤臣。为于谦建旌功祠，使得无论是朝中还是宫中都为之一新。这些政策让人们很快就不得不对这位年轻皇帝刮目相看，就像给明宪宗后期混乱的朝廷打了一针兴奋剂，使明朝有了中兴的希望。

明孝宗不顾身体虚弱，即位后始终勤于政事，明孝宗还开辟了文华殿议政，其作用是在早朝与午朝之余的时间，与内阁共同切磋治国之道，商议政事。阁臣李东阳就曾说："先皇即位以来，30余年间，皇帝召见大臣，都只问上一二句话，而现在却是反复询问，讨论详明，真是前所未有啊！"

完成了人事改革，明孝宗又开始下令大力兴修水利，发展农业，繁荣经济。公元1489年5月，开封黄河决口，明孝宗命户部左侍郎领5万人修治。公元1492年，苏松河道淤塞，泛滥成灾。明孝宗命工部侍郎主持治理，历时近三年才完成。从此，苏松消除了

水患,再度成为鱼米之乡。明孝宗的勤政终于得到了回报,他在位期间,吏治清明,任用贤能,倡导节约,与民休息,是明朝历史上经济繁荣,人民安居乐业的和平时期,被史家称为"弘治中兴"。

宽厚待人

明孝宗待人宽和善良,即使对当初迫害其生母的万贵妃家人,也表现了极大的宽容。对臣子更是温和,在位十几年从未鞭打过一位大臣,在历代君主中也属少见。

有一年冬天,明孝宗夜晚坐在宫内,觉得天气寒冷,就问左右服侍的人:"这个时间了,还有在外面办事,在路上没有到家的官员吗?"服侍的人回答说:"有。"他又说:"现在天气又冷,晚上又黑,再是个廉洁清贫的官吏,路上连个照路的灯火都没有,出了事怎么办?"于是传下圣旨,命令后遇在京官员外出办事夜晚回家,不论职位高低,一律让军士提着灯送回家。

有时候召见完大臣,明孝宗还会拿出一部分金钱给大臣,告诉他们为朝廷做事辛苦了,这是他私下给他们补给的家用。

这些虽然都是小事,但作为一个封建皇帝能如此体恤臣子,已经很不容易。

由于先天体弱,明孝宗朱祐樘36岁时病故于乾清宫。弥留之际给太子朱厚照的最后嘱咐是"任用贤臣"。

明孝宗像

天聪汗——清太宗皇太极

清朝是中国历史上第二个由少数民族建立的统一政权，也是中国最后一个封建帝制国家。公元1616年，建州女真部首领努尔哈赤建立后金。公元1636年，皇太极改国号为清。公元1644年清军入关，逐步统一全国。爱新觉罗·皇太极死后被称为清太宗文皇帝。他是努尔哈赤第八子，也是清朝第二位皇帝。

努尔哈赤去世后，皇太极受推举袭承汗位，称天聪汗。他在位期间，发展生产，增强兵力，不断对明作战，确定满族族名，建立清国，为清王朝的确立和后来统一中国打下了坚实基础。

公元1626年8月11日，努尔哈赤因患毒疽不治而死，由谁来继承汗位呢？早在 公元1622年3月，努尔哈赤已经作了安排，决定后金汗由诸贝勒推举产生。当时以四大贝勒的权势最大，地位最高，分别是大贝勒代善、二贝勒阿敏、三贝勒莽古尔泰、四贝勒皇太极。此外，还有多尔衮、多铎等。

但是，二贝勒阿敏是皇太极的堂兄，曾经犯下大过，自然没有资格争夺汗位继承权。三贝勒莽古尔泰是皇太极的五兄，他的生母富察氏曾因过失获罪，莽古尔泰竟亲手杀死母亲，也不能做一国之君。大贝勒代善有资格、有条件也有可能继承汗位,却传出与大妃阿巴亥有暧昧关系,这种欺君蔑父的行为,使他在诸王中威信大降。这样就只有四贝勒皇太极实力最强,无论是政治眼光、军事才能和个人威望都在众贝勒之上,所以他是后金汗位比较合适的人选。

因此,在努尔哈赤去世后第二天,代善等人就拥立皇太极继承汗位。公元1626年9月1日,皇太极在大政殿即汗位,焚香告天,宣布明年为天聪元年。他也因此被称为"天聪汗"。

即位之初,按照满族规定,实际上皇太极是同代善、阿敏、莽古尔泰三大贝勒"按月分值"政务,徒有"汗"的虚名。为了加强中央集权,皇太极决定将三人逐个击破。公元1630年,因为阿敏败给明军,将其终身幽禁。公元1631年,莽古尔泰同皇太极发生口角时,竟然拔刀相向,皇太极趁机免去莽古尔泰大贝勒衔。至此,四大贝勒,只剩下他和代善。公元1632年,皇太极废除了与三大贝勒共理政务的旧制,取得了汗的独

清太宗塑像

尊地位。

公元1635年，皇太极改国号为"大清"。

松锦大战

公元1639年，明朝派洪承畴为蓟辽总督，掌管东北边防，防卫清人。公元1640年3月，皇太极命郑亲王济尔哈朗、多罗贝勒多铎等人领兵修筑义州城，和锦州明军形成对峙之势。明朝锦州守将祖大寿报告说，城内米只够吃三个月的，蔬菜一个月都不够了，锦州城恐怕朝不保夕了。接到这样的报告后，总督洪承畴立刻率领吴三桂等八位总兵，共计三十万兵马前来锦州解围。洪承畴不了解情况，不敢贸然前进，于是把军队驻扎在宁远，然后派人密切注意锦州的情况。

因为当时明朝内部奸佞当道，财政空虚，所以命令洪承畴速战速决，不要停留。迫不得已，洪承畴率兵前往锦州，结果总兵杨国柱中箭身亡。明军死伤无数，连连失利。

另一方，皇太极带病率兵，昼夜行军500多里，到达锦州城北，与洪承畴率领的明军决战于松山、锦州地区，皇太极又命令阿济

清太宗浮雕

格偷偷袭击塔山，趁潮落时夺取明军囤积在笔架山的粮草。战争开始后，明军因为粮草不足，商量各自突围，回到宁远再作打算。总兵吴三桂等四散逃出。洪承畴、祖大乐被俘虏至沈阳。一听到这个消息，锦州守将祖大寿立即率部献城归降，清军占领锦州。

清军乘胜追击，用红衣大炮轰毁杏山城墙，副将吕品奇率部不战而降，松山、锦州、杏山三城全部被清军占领，松锦大战结束，洪承畴投降。明朝听说洪承畴被抓，皇帝特意让人摆酒祭奠，谁知祭到第九坛的时候，又得到军报，说洪承畴投降了，顿时人心惶惶。松锦大战后，明朝在辽东的最后防线只剩下山海关的吴三桂。

清朝人说，萨尔浒之战是"王基开"，而松锦之战是"帝业定"。皇太极为大清奠定了一代基业。

不念旧恶

皇太极是个不记仇的人，对一些犯错误的大臣进行批评之后，还是会加以重用。如松山决战结束后，锦州守将祖大寿、副将祖泽远投降，清太宗非常高兴。祖泽远向清太宗承认自己违背诺言，原来祖泽远在明清之前的大凌河之战时曾经被俘，放回后又背叛后金归向明朝。他以为清太宗一定会怪罪自己。

没想到，清太宗说："你之所以不来归降，是因为你的主将祖大寿，你要看着他的态度行事。当我去杏山巡视时，你明知道是我，还是用火炮轰击。这不是违背了我对你的恩德。你的那点炮火能打伤几人呢，何况你们城中本来就没有多少兵士。就是洪

承畴带着十三万兵马来攻打,又打伤了我大清几个人?我看见人犯错,都是当面说,从不记仇。就是祖大寿我暂且能够不杀,何况你一个小小副将呢。你还很年轻,以后再有战事,好好出力吧!"

祖泽远听了这一席话,感动得流泪谢恩,对皇太极再不抱二心。

在皇太极五十岁时,因他心爱的宸妃之死,身体变得虚弱,两年后在入关前夕病逝。

作家金庸曾经评价皇太极的智谋武略,说他是中国历代帝皇中不可多见的人物,本身的才干见识,不在刘邦、刘秀、李世民、朱元璋之下。他知人善任、豁达大度、高瞻远瞩、明断果决。皇太极的军事天赋虽不及父亲,政治才能却犹有过之。

盛世英主——清圣祖康熙

清圣祖仁皇帝，全名叫作爱新觉罗·玄烨，因为年号康熙，也被称为康熙帝。他是清军入关后的第二个皇帝，8岁继位，14岁亲政，在位61年，享年69岁，是中国历史上有文字记载以来，在位时间最长的一位君主。康熙在位时期，智擒鳌拜，剿撤三藩，收复台湾，抵抗沙俄，签订了《尼布楚条约》，西征蒙古，兴修水利，治理黄河，鼓励垦荒，薄赋轻税，爱民如子。由于他的文治武功，中华多民族统一的局面得到巩固发展，出现"康乾盛世"的繁荣，开创中国的又一黄金时代。

清圣祖像

玄烨是顺治帝福临的第三子，顺治帝生前并没有册立太子。公元1661年2月4日，年仅二十四岁的顺治帝早逝。弥留之际，接受汤若望的建议，因玄烨出过天花具有免疫力而把他选为继承人，以遗诏的形式册立玄烨为皇太子，同时指派索尼、苏克萨哈、遏必隆、鳌拜四大臣辅政。父亲去世两年后，生母也离开了他，所以康熙帝从小是在皇祖母孝庄皇太后身边长大的。

公元1667年6月，首辅索尼病故。七月初七，14岁的康熙帝正式亲政。为了使康熙能够及早亲政并迫使遏必隆和鳌拜也交出权力，苏克萨哈在康熙亲政第六天上书请求退隐，但仅仅几天后，康熙帝还没来得及做出反应，鳌拜就列举了24条罪状陷害苏克萨哈，并强迫康熙将其处死。康熙不同意，以"核议未当，不许所请"。但跋扈成性的鳌拜在康熙面前挥拳捶胸，疾言厉色，对康熙恐吓要挟，最后连康熙也无法改变鳌拜的决定，结果苏克萨哈被处绞刑。从此鳌拜更加肆无忌惮。康熙帝为强化皇权，上演了一场智擒鳌拜的历史大戏。

清圣祖塑像

康熙在祖母的支持和帮助下以退为进,一方面避免与鳌拜发生正面冲突;另一方面韬光养晦,专心学习治世本领,并寻找适当时机剪除鳌拜。康熙索性把朝政全部交出去,自己则找了一群身强力壮的少年侍卫整天待在宫里练习摔跤。鳌拜听说后,以为是小孩子爱玩儿的天性,而且满族人本就喜爱摔跤,所以并不理会。公元1669年5月,康熙觉得时间差不多了,就和索额图商量,首先将鳌拜的党羽以各种名义派出,削弱鳌拜的势力,又让自己亲信掌握了京师的兵权。

康熙召又集侍卫说:"你们都是我的亲信,你们听我的,还是听鳌拜的?"大家说:"听皇帝的。"康熙当即宣鳌拜单独入朝,然后由侍卫们突然擒拿住,宣布鳌拜三十条罪状,但因鳌拜立过许多战功,所以免于一死而终身监禁。对于其党羽也给予了不同的处罚。同时,恢复了苏克萨哈的职位。这种措施稳定了清朝的朝局。康熙剪除鳌拜后,废除了辅政体制,自此才真正开始了亲政。

平定三藩

"三藩"是指平西王吴三桂、平南王尚可喜、靖南王耿精忠。因为清朝入关后借助他们的力量,所以被封为藩王。但20年后,他们各自已经形成很大的势力,与清廷分庭抗礼。

康熙帝亲自执政后,大力整顿朝政,奖励生产,惩办贪污,使新建立的清王朝渐渐强盛起来。他认识到三藩不仅在经济上是清朝政府沉重的负担,而且威胁到清政权。

公元1673年春,康熙皇帝作出撤藩的决定。吴三桂首先于这年11月杀云南巡抚朱国治,率先起兵。为了笼络民心,他脱下

清朝王爵的穿戴，换上明朝将军的盔甲，在明永历帝的墓前假惺惺地痛哭一番，说是要替明王朝报仇雪恨。他又派人跟广东的尚之信（尚可喜之子）和福建的耿精忠联系，约他们一起叛变。

　　康熙帝并没有被他们吓倒，他首先坚决打击吴三桂，而对其他的起义者却实行招抚，通过分化起义力量而孤立吴三桂。于是一面调兵遣将，集中兵力讨伐吴三桂；一面停止撤销尚之信、耿精忠的藩王称号，把他们稳住。尚之信、耿精忠一看形势对吴三桂不利，又投降了。这场战乱，持续了八年，越打吴三桂的力量越弱，到最后他竟积郁而终。

　　公元1681年，清军分三路攻进云南昆明，吴三桂的孙子吴世璠自杀。清军最后平定了叛乱势力，统一了南方。

收复台湾

　　公元1661年明朝延平王郑成功率水师由厦门进军澎湖列岛和台湾岛，收复了被荷兰殖民者侵占的台湾，作为抗清基地。公元1662年5月，郑成功在台湾去世，随后郑氏家族内部发生分裂，陷入混乱，最后长子郑经取胜。之后，清王朝曾多次派员到厦门招抚郑经，郑经始终坚持"要以对待朝鲜为例，不剃发，不换服装"。康熙则认为，台湾是中国的领土，不能与藩属朝鲜相提并论。随之"三藩之乱"爆发，台湾问题被搁置。

　　公元1681年，三藩之乱平定，解决台湾问题的时机成熟了。这年台湾又发生内讧，郑经死后，诸子争位，长子被杀，十二岁的幼子郑克塽被立为王，大权则掌握在大臣冯锡范与刘国轩的手里。康熙帝决定趁此时机，解决台湾问题。但清军长于骑射而不善海战，而郑军官兵常在海上活动，不畏风浪，有丰富的海上作

清圣祖像

战经验。于是康熙决定采取"以郑治郑"的办法,大胆起用大批原郑军将领,任命降官施琅为水师提督,进兵台湾。

公元1683年,施琅统战船三百和水师二万攻打澎湖大获全胜。郑军二万士卒、百只战舰全部被击溃,守将刘国轩逃回台湾岛。澎湖收复,郑克爽、冯锡范、刘国轩等见大势已去,人心瓦解,固守台湾已经不可能,立刻表示愿意归降。郑克爽率众剃发,登岸归顺。

公元1684年,在施琅等人的据理力争下,清政府决定将台湾收入版图,置台湾府,自此,台湾成为福建省的1个府。直到公元1885年,改为台湾省。康熙帝收取台湾,完成台湾和大陆之间的政治统一,促进了以后台湾的政治、经济与文化的发展。

明朝末年,沙皇俄国就开始向我国黑龙江地区进犯。在康熙帝忙着平定三藩时,有个俄国逃犯带着同伙逃到我国边境雅克萨,在那里筑起堡垒,四处抢掠。他们把抢来的貂皮献给沙皇。沙皇不但赦免了逃犯的罪,还派他当了雅克萨长官,想永远霸占雅克萨。

康熙帝平定了三藩之乱,立刻来到盛京,准备驱逐敌人。

公元1685年,康熙帝派彭春为都统,率领陆军水军一万五千人,浩浩荡荡开到雅克萨城下,把雅克萨围了起来。彭春观察了地形之后,在城南筑起土山,让兵士站在土山上往城里放弩

箭。城里的俄军以为清兵要在城南进攻,就把兵力拉到城南。哪儿知道清军却在城北隐蔽地方放了火炮,乘城北敌人防守空虚,突然轰起炮来。炮弹在城头呼啸着飞向城里,敌人的城楼被炮弹击中了,熊熊燃烧起来。

天色渐渐发白,清军又在城下堆起柴草,准备放火烧城。俄军头目这才吓慌了神,在城头上扯起白旗投降。

康熙释放了全部投降的俄军,勒令他们撤回俄罗斯,然后命令兵士把雅克萨城堡全部拆毁,让百姓耕种。但是,遭到惨败的俄军头目打听到清军撤出的消息,又带兵溜回雅克萨,把城堡修筑得更加坚固。

康熙得到报告后,决定不在手软,彻底打击敌人。第二年夏天,黑龙江将军萨布素再一次进军雅克萨。清军将士想到从他们手里放走的敌人又来了,恨不得马上把他们消灭。这一次,清军的炮火更加猛烈,俄兵几次出城反扑,都被清军打了回去。守城头目托尔布津中弹死去。留下一批侵略军不得不躲到地窖里,但是没几天,也就都死光了。

直到沙俄政府派使者赶到北京,要求谈判。康熙帝才下令停止攻城。

公元1689年,中国政府派出代表索额图,沙俄政府也派出戈洛文做代表,在尼布楚举行和谈,划分了两国边界,肯定了黑龙江和乌苏里江流域的广大地区都是中国领土。这就是《尼布楚条约》。

十全老人——清高宗乾隆

乾隆是清朝入关后第四位皇帝清高宗爱新觉罗·弘历的年号，寓意"天道昌隆"。25岁登基，在位六十年，退位后当了三年太上皇，实际掌握最高权力长达六十三年零四个月，是中国历史上执政时间最长、年寿最高的皇帝。乾隆也是中国封建社会后期一位赫赫有名的皇帝。他在康熙、雍正两朝文治武功的基础上，进一步完成了多民族国家的统一，促进了社会经济文化的发展，形成了历史上著名的"康乾盛世"，是一代有为之君。

青年乾隆

他的一生，为后世留下了许多故事，让后人津津乐道。

知人善任

乾隆皇帝非常善于驾驭朝中的大臣。乾隆刚刚登基的时候，朝廷大臣分为中以鄂尔泰为代表的满族和以张廷玉为代表的汉族两派，两派之间的斗争十分激烈，政绩上也是互相拆台，影响了许多政策的实施。乾隆帝并没有像其他皇帝一样打压一方拉拢一方，而是对他们都进行严厉训斥，并采取抑制手段，不让任何一派站上峰，始终让他们保持平衡，避免了大分裂。

他还重视官吏的选拔，他强调官吏应该年富力强，五十五岁以上的官吏要详细甄别，六十五岁以上的官员要带领引见，能否继任他要亲自定夺。他将不称职的官吏分成8类：年老、有疾、浮躁、才力不及、疲软无力、不谨、贪、酷，并给予不同的处理。在乾隆时期，因考核不合格受到降级或处分的官吏达6万多人。

此外，乾隆还吸取明朝宦官专权的教训，非常重视对身边太监的约束。即位后不久就颁布谕令，告

乾隆骑射图

戒太监不得越轨,否则严惩不贷。"若太监略有放纵,许内务府总管先斩后奏。"1774年,清宫内又发生奏事处太监高云从泄露职官任免信息的案件,乾隆皇帝知道就大发雷霆,凡牵涉其中的官员如大学士于敏中、军机大臣舒赫德、尚书蔡新、总管内务府大臣英廉等人都受到了严厉申斥,左都御史观保、侍郎蒋赐棨、吴坛受到了革职处分。随后又查出高云从交接外官、嘱托外官安排其亲戚案,又将案犯粤海关监督李文照、参将王普等革职并押回京城审问,同时这两个案件的主犯奏事处太监高云被处斩。

乾隆皇帝在镇压边疆地区方面做出了巨大成绩,巩固了多民族的清帝国,其中比较重要的一项就是统一新疆。

1745年,准噶尔部首领噶尔丹策零因病去世,准噶尔内部为争夺汗权发生内讧。乾隆帝果断抓住时机,于1755年2月出兵,三个月后占领伊犁。当时北疆当地蒙古分为四大部族,原准噶尔部投降清朝的阿睦尔撒纳想要当四部总汗,没想到击败准噶尔后,清朝采取"众建而分其力"的政策,分封四部首领均为大汗,同时下令释放被准噶尔部扣为人质的伊斯兰教领袖大、小和卓木。

阿睦尔撒纳心中不服,于当年8月又发动反清起义。乾隆再次派兵镇压,阿睦尔撒纳逃往哈萨克,后又逃入沙俄,染天花病死。乾隆认为准噶尔人反复无常、不可信任,于是命令对准噶尔人进行屠杀。在战争、瘟疫、屠杀多重打击下,除了早先归附清朝和逃亡他国的部众,准噶尔作为一个部族在新疆销声匿迹了。

之后,清军又镇压了大、小和卓起义。攻取了新疆地区,天山南北从此完全归入清朝帝国。1762年,乾隆在新疆设伊犁将军,修筑城堡,驻扎军队巡查边界,进行屯垦。巩固和完善了清朝对

新疆风光

新疆地区的管辖。

清朝的疆域经过康熙、雍正、乾隆三代的努力而最后形成：东北到外兴安岭、库页岛、鄂霍次克海，西北到巴尔喀什湖、葱岭，北到贝加尔湖以南，色愣格河以北，南到南沙群岛，奠定了中国近代版图。

明末，厄鲁特蒙古四部之一的土尔扈特部离开他们世居的塔尔巴哈台西迁至俄国伏尔加河下游。1770年，首领渥巴锡汗率领他们16.9万人踏上东归路程。他们越过千山万水，克服重重险阻，在第二年6月到达伊犁，到达时只剩下6.6万人。乾隆十分重视土尔扈特部的东归，无视沙俄的开战威胁，命令伊犁将军安置他们。土尔扈特部的东归是乾隆时期满蒙同盟的壮丽篇章，是康乾盛世的一大盛事。

乾隆皇帝南巡的时候，有一天，到了丹阳县。当地县官是个清正廉洁，为人耿直的人。他想，皇帝巡视到这里，做臣下的一定要如实向皇上禀报民情，才算是不负皇恩。

那一年，正巧丹阳遭受水灾，田地荒芜，平民百姓只能用大麦米煮成粥充饥。县官灵机一动，就叫人满满地盛了一大盆，当作丹阳的真品特产献给皇帝。

乾隆从来没见过大麦粥，一端上去，不知道是什么东西，只是闻着挺香的。捧起粥碗尝了下，连声称赞："好东西，好东西！"原来这粥闻起来香喷喷的，吃着也很爽口。可就是不抵饿。乾隆并不知道，喝完后又吩咐丹阳县官多多进贡这东西来。又听一个太监说："丹阳百姓顿顿都吃这东西。"便摇头说："百姓吃的竟这么有味道呀！"

县官本想把百姓荒年的饭食送给皇帝尝尝，借此让皇帝体察民间的疾苦。谁知事与愿违。于是想，只有让皇帝连吃几天，才会知道百姓的疾苦，便悄悄跑去吩咐为皇上拉纤的船工放慢脚步。巧得很，乾隆乘坐的龙舟行至丹阳东门城外宝塔湾边，河水大涨，不断涌出漩涡，把龙舟堵在了丹阳。

这一下，丹阳县令遵皇上的旨意，顿顿给皇帝呈上大麦粥，三天之后，河里的旋涡消失了，乾隆皇帝也已经再也不想喝粥了。乾隆乘着龙舟慢慢地驶出丹阳，不禁叹道："唉！丹阳县真难过啊！"旁边一

草原风光

个太监随口接道："幸亏有点大麦粥可以活命。"后来，这话被人们传成了皇帝金口玉言说：丹阳人真难过，是大麦粥命，只配喝大麦粥充饥。

文化成就

乾隆皇帝效法祖父康熙帝,积极笼络汉族知识分子。乾隆元年就模仿康熙举行了一次博学鸿词科考试。此外他还积极发展汉文化。

在他统治期间,各种官修书籍达100余种,完成了顺治朝开始编撰的《明史》和康熙下令开始编写的《大清一统志》,他又令臣下编成《续文献通考》《皇朝文献通考》《大清会典》。除了这些历史、制度方面的著作,其他类别的著作有文字音韵《清文鉴》、文学《唐宋诗醇》、乾隆大阅图地理《大清一统志》、农家《授时统考》、医学《医宗金鉴》、天文历法《历象考成后编》等重要文献。图书编撰方面的最大成就是亲自倡导并编成了大型文献丛书《四库全书》,共收录古籍三千五百零三种、七万九千三百三十七卷、装订成三万六千余册,保存了大量古典文献,是中国古代最大的一部官修书,也是中国古代最大的一部丛书。

在建筑艺术方面,乾隆时期修缮兴建的皇家宫殿园林,如天坛祈年殿、颐和园、圆明园、香山、避暑山庄暨外八庙和木兰围场等,无不体现着清代园林文化的辉煌。除圆明园被英法联军焚毁外,现在大多成为世界文化遗产。

此外,乾隆时期中国的民间艺术有很大发展。乾隆帝八十大寿时,徽班进京,中国的国粹京剧开始形成。

乾隆自己也是一位高产写手,他一生写诗4.3万多首,比全唐诗还多,除了写诗,他也写剧,只是知道的人不多。

1793年,马戛尔尼访华,双方争论的焦点就是是否采用跪拜礼。为了让马戛尔尼下跪,乾隆费尽心思,着手编写了一个昆剧剧本,名为《四海升平》,里面文昌皇帝、四海龙王、雷公、电母轮番登场,最后收服了闹事的海龟,全剧以众神念白"果然是万万年四海升平也"收场。

这出戏是赐宴当日所演,当天共演了8出戏,耗时5小时,本剧是大轴,可马戛尔尼根本没看懂,一点儿也没体会到乾隆的良苦用心。

图书在版编目(CIP)数据

中国历代明君 / 荀伟东编著. -- 长春：吉林出版集团股份有限公司，2014.10
（历史的天空 / 张帆主编）
ISBN 978-7-5534-5679-9

Ⅰ. ①中… Ⅱ. ①荀… Ⅲ. ①皇帝－生平事迹－中国－少儿读物 Ⅳ. ①K827=2

中国版本图书馆CIP数据核字(2014)第221027号

历史的天空（彩图版）
中国历代明君
ZHONGGUO LIDAI MINGJUN

著　　者	荀伟东
出 版 人	吴强
责任编辑	陈佩雄
开　　本	710 mm × 1000 mm　1/16
印　　张	10
字　　数	150千字
版　　次	2014年10月第1版
印　　次	2021年11月第3次印刷
出　　版	吉林出版集团股份有限公司
发　　行	吉林音像出版社有限责任公司 吉林北方卡通动漫有限责任公司 （吉林省长春市南关区福祉大路5788号）
电　　话	0431-81629667
印　　刷	鸿鹄（唐山）印务有限公司

ISBN 978-7-5534-5679-9　　定　价　45.00元

如发现印装质量问题，影响阅读，请与出版社联系调换。